ガッツと鹿太郎

〜愛の教育論〜

はじめに

広島市中心部から、国道2号線を東に走る。やがて旧街道（瀬野川）沿いの高台に、いくつかの巨大な建物が見えてくる。

何の変哲もない白地の看板には「広島国際学院大学」と表示してある。その名門の私立大学が、あと2年余りで55年間の歴史に幕を閉じる。

私は２００６年から２０１３年までの８年間、この大学で教鞭を執った。そのとき図らずも、現代社会学部長（当時）に任命された。

その頃に思ったのは、「この学部を、日本有数の特色を持つ学部にしたい」ということだった。ガッツ石松、川島なお美を客員教授に招いたのは、そのことを実現するための一つの方策だった。

結果だけを見てみると、その計画は成功しなかったように見える。しかしそこには、思いもかけない成果が待っていた。

その一つに、彼らが学生たちに遺した数々の珠玉の言葉があった。彼らの生きざまは、我々が予想していたような生易しいものではなかった。

地方の小さな大学で繰り広げられた彼らの物語を、このまま眠らせてしまうのはもったいない。私は、次第にそう思うようになった。そこに、誰も知らない深い教育の真実があったからである。

また、執筆の過程で、一人の重要な人物に辿り着いた。

その人物とは、在籍中に耳にタコができるくらい名前を聞かされた広島国際学院大学の創立者・鶴虎太郎である。

なぜ「ガッツ石松と鶴虎太郎」なのか。私は、この二人に共通に流れていた思想こそが、教育の本質だと思うようになった。

さらにもう一つ。

人が人を教えるということは、いったいどういうことだったのだろうか。そして日本の大学教育は、このままでよいのだろうか。

ガッツ石松と川島なお美は、淀んだ池に大きな一石を投じてくれたように思う。彼らの生きざま、考え方、行動の全ては、まさに生きた教材だった。

ここに慶応義塾大学で塾長を務めた、小泉信三（経済学者）の言葉を記しておく。

「人生において、万巻の書を読むよりも、優れた人物に一人でも多く会うほうが、どれほど勉強になるだろうか」

この本は、ガッツ石松と川島なお美の教えを中心にした教育読本である。その教えから導き出される教訓は、決して教育に携わる人たちだけのものではない。それは人間として生き方を模索している全ての人たちの心の底に、地下水のように広く、そして深く染みわたるものだと信じている。

さらにこの広島の地に、半世紀を超える歴史を刻んだ広島国際学院大学の挑戦は、いったい何を物語っていたのだろうか。

私の人生も残り少なくなってきた。コロナ時代と呼ばれる昨今、日本の教育、そして日本人の生き方について考えてみたい。

それらのヒントは、世界に一つしかないガッツ石松と川島なお美の物語のなかにあった。

筆者

広島国際学院大学

CONTENTS

CONTENTS

第5章 この世はOK牧場──言葉の力

第6章 小さな大学のアイデンティティー──電大の意地

〔写真提供〕
鶴 素直
岡部 政勝
みずま工房
学校法人 広島国際学院 広報委員会

プロローグ

風呂焚いて父母待つか蝉の声

1949年6月5日。

栃木県の寒村に一人の男児が生まれた。名前は鈴木有二。〝有二〟の〝二〟が示すように、4人兄弟の次男だった。

集落は、たったの4軒。家の周りにあった田んぼでコメを作っていた。しかし、家族を養っていくほどの収穫量はなかった。

そのため母は、隣町へ道路工事の仕事に出かけていた。男に交じって働いていたせいで、母は厳しく、子どもに構っているヒマなどはなかった。

父は、農業の他に大きな仕事はなく、当時のフツーの家族とは違って、主に家事を担当していた。

有二が物心ついた頃には、10歳上の姉は、遠くに就職してもう家にいなかった。そして母も家にいなかったせいで、自然に、次男に風呂焚きの仕事が回ってきた。

「風呂焚いて 父母待つか 蝉の声」

この生活感あふれる俳句は、有二が、小学3年生のときに作ったものである。

小学校の先生も、彼の家庭環境をよく知っていた。有二は生まれてはじめて、この句で賞状をもらった。

彼は嬉しくて、長い間、この賞状を部屋の壁に貼っていたという。

有二は、幼い頃のことを、いまでも鮮明に覚えている。考えてみると、人間にとって、その記憶には珠玉の価値がある。

なぜなら、その貧しさこそが、その後の人生の飛躍のバネになったと思われるからである。

その俳句を詠んでから、わずか16年後。世界中の誰が、その少年が世界一の賞状を手にすることになるなど想像したであろうか。

その少年こそ、ボクシング界でアジア人初のＷＢＣ世界ライト級チャンピオンになったガッツ石松（リング名）である。

私がはじめてガッツ石松に出会ったのは、２００８年1月のことだった。

彼は指定時間よりも早く、グランドハイアット東京の1階にある小さなミーティングルームに姿を現した。

時々テレビで観ていた風貌と全く同じだった。ただ、そのぎこちない笑顔からテレビでは決して見られない、かすかな緊張感が見てとれた。

「ガッツ石松を広島国際学院大学の客員教授として迎えたい」

私はその正式なお願いをするため、彼に面会を求めていた。

一方、ガッツ石松の側からすると、ひょっとしたら、そのための面接だと思ったのかもしれない。かすかな緊張感というのは、そのためだったのだろう。

しかしその緊張感を解くのに、ものの3分もかからなかった。彼は雄弁に語りはじめた。そして自身の学歴について、こう話した。

「私は中学校しか出ていません。しかし〝社会〟という名の大学を首席で卒業したと思っています」

思うに、このとき彼が使った〝首席〟という言葉は、〝世界チャンピオン〟のことを指していたのではないだろうか。

確かに、大学という狭い社会に比べて、実社会というのは、そのスケールが、けた外れに大きい。

その後、私たちは1時間以上も教育論を交わした。

「これはすごい！」

もし私が、ガッツ石松のファンになったかと訊かれれば、そのきっかけは、このときに受けた衝撃からだったと思う。


考えてみるに、日本という国は、江戸・元禄時代の頃から昭和前期（戦前）にかけて、おそらく人類史上のどこの国にも存在しなかった、貧しいながらも平等で誇らしい国家を建設していたように思う。

ところが、特に戦後と呼ばれる時期に、グローバリズムの名のもとに、アメリカ流の考え方（市場至上主義）が導入され、すっかりそれに感化されたように見える。

いま国中を支配しているのは「合理主義」「効率」「改革」など。世は情緒よりも論理。国語よりも英語である。

古いもの（伝統）にしがみつく人間は、まるで用無しの化石のように扱われる。

そういう流れに乗って、昭和中期から、日本の学び舎から徐々に姿を消しはじめたものがあった。それは小学校の片隅に、必ずといっていいほど建っていた二宮金次郎（尊徳）の銅像である。

そう、背中に薪の束を背負い、歩きながら読書（勉強）をしている、あの昭和人お馴染みの像である。

これが、いったいなぜ姿を消しはじめたのか。その理由（通説）を調べてみると「読書をしながら歩くと、危ないから……」ということだった。

いまどきの日本人は、いったい何を考えているのだろうか。あの銅像が教えているものは、人の行動（姿・形）ではない。

教えているのは、小田原藩、相馬藩などで藩の復興にあたった二宮尊徳の勤倹力行の思想である。金次郎というのは、彼の幼少時代の名前である。

蛇足になるかもしれないが、もう一度、その意味（思想）を思い起こしておこう。

この銅像の基になった話は、尊徳の娘婿の富田高慶が著した『報徳記』に由来している。この記録よると、二宮家は相模国（現在の神奈川県）で、2町歩余りの田地をもって農業を営んでいた。

ところが金次郎が14歳のときに、父が他界し、母と弟2人を含む家族4人が取り残された。こうなると長男の金次郎が、家族の大黒柱にならざるをえない。

富田は、この頃の〝働く金次郎の姿〟をこう描いている。

「鶏鳴に起きて遠山に至り、或は柴を刈り、薪を伐つて之を賣り、夜は縄をない、わらじを作り……」

もうお分かりだと思う。この姿が「二宮金次郎の銅像」になったのである。ちなみに金次郎が読んでいる本は、『大学』（儒教の経典）である。『報徳記』には、金次郎が大きな声で読み歩いていたので、人々が怪しんだという話まで紹介されている。

なぜそうしたのか。もう日本人は、その程度の話が分からなくなっている。そのことが、実は、社会の底流のところで日本という国家の劣化に繋がっているのではないか。

明治以降、日本人の勤勉にして貯蓄を旨とする精神は、二宮金次郎の銅像によって先導された。明治政府は、この姿を国民の範としたのである。

もちろん金次郎の銅像が消えた本当の理由は、戦時中に、政府が国民に呼びかけて、鉄や金属類の供出を強要したことによって、その多くが消滅したというのが正しい。

つまり日本人の教育の象徴だった金次郎の銅像は、昭和中期に入って、相手を殺傷するための砲弾に生まれ変わったのである。

そう考えてみると、思想（考え方）というのは、恐ろしいものである。

あの頃、美徳の一つとされた「倹約」は、いまは良くないこと。いまの美徳は、その真逆の「消費」である。

大量生産して大量消費する。これは日本の戦後を支え続けてきた基本的な考え方（思想インフラ）だった。

そうなると、いまでも家内が使っている昭和製ミキサーなどは、消費を促す政府にとって憎き敵なのである。

この考え方は、営まれる経済だけでなく、当然、その基盤を作る教育の世界にまで影響を与えている。

と言うか、話は逆で、そういう人材を育成するための小手先の教育が、もてはやされるようになった。

これからの日本は、どこに向かってどう進めばよいのだろうか。

この本では、ガッツ石松が大学で講義した内容を紹介しながら、いまの日本人の在り方のようなものについて深く掘り下げて考えてみたい。

私には、薪を背負った二宮金次郎と、その薪をくべながら風呂を焚き、一句詠んだ鈴木有二の姿が重なって見える。

彼の考え方をもっと世に広めたい。私は、ガッツ石松との出会いによって、日本という国にかすかな希望（救い）を感じはじめている。

さらに2020年初頭から、世界の隅々まで広がったコロナ禍の影響による人々の意識変化。これによって人々の行動は、大きく変わってきた。

その一つの現象が、リモートによるオンライン教育の普及ではなかろうか。ただ近代的なＯＡ機器に安易に依存しすぎると、日本社会に多くのリモート人間を誕生させることになる。

教育の神髄というのは、人間の五感を使って伝わるものである。つまり、そこに流れる空気によって、大切なものが伝わっていくという仕組みである。

まず冒頭で知っておこう。教育というのは、コロナ禍の次元をはるかに超える深遠なものである。

第７章で書く「コロナ社会と教育」もまた、この本を世に問う所以の一つである。

第1章

世界チャンピオンへの道

アジア人初のＷＢＣ世界ライト級チャンピオンになる

この星（地球）に生を受けた人間には、その全てに他人とは異なる道がある。一つとして同じ道がないのは、神秘という他はない。

つまり、人間や家族の価値というのは〝他とは違う〟ところにあるのだ。

鈴木家というのは、戦後社会では、ごくフツーのありふれた家族だった。ただ、たとえお金がなかったとしても、有二には逞しく生きる知恵があった。

私は、彼が著した『我が道』（スポーツニッポン新聞社掲載）という冊子のなかに、次のような記述を見つけた。

「ガキの頃から凄く考えた。みんなは持っているのに俺にはない。どうしたら手に入るかの戦術を考えたよ。例えば、よその子どもがお金を持っている。ポケットでチャラチャラと音をさせるから分かる。金をとることは、絶対にしなかった。でも、欲しいのよ。そこで相撲をやって、相手を投げる。投げるというか、金がポケットから落ちるまで持ち上げる。相手は分かっていないから、あとでそれを拾うわけよ。俺に言わせれば〝相撲をやって勝った賞金〟が落ちていたということになる。すべてにそういう知恵を働かせていた」

彼は、中学時代、そういう悪ガキを貫いた。しかしその類まれな生き方によって、やがて世界に一つしかない一本の道が見えはじめる。

周囲の人たちからすると、あの悪ガキが世界チャンピオンになることなど、想像のはるか外にあった。

ただその頃、有二の心の中にあった強い気持ちは、どんなことがあっても揺らぐことはなかった。

「将来は東京へ行って、いっぱしの男になって、この雨漏りのする家を建て直してやる。両親に腹いっぱいご飯を食べさせてやる」

野球からボクシングへ

中学2年の頃。そろそろ自分の進路を決めないといけない。しかし、生活が苦しい家庭の事情もあって高校には行けそうにない。そこで考えたのが野球部に入って、推薦で高校に進学するという手だった。

彼は野球部に入った。しかし途中入部だったせいもあり、レギュラーにはなれなかった。しかも野球をやるためにはユニフォーム、グローブ、バットなどにお金がかかった。

私たちは、のちに何度もこの話を聴かせてもらった。彼は、何か〝お金のかからないスポーツはないものか〟と考えはじめた。

当時、金持ち農家には、白黒テレビがあって、近所のみんなで見せてもらいに行っていた。その頃、週に1、2回、ゴールデンタイムで放送されていたのが、プロボクシング中継だった。

そのとき有二は、周囲の人たちが喜ぶ姿を見て、こう思った。

「これなら、なんとかなる」

彼が思い付いたのは、パンツ一丁で戦えるボクシングだった。


考えてみると、野球とボクシングは、まるで違うスポーツである。

しかし有二にとっては、一つだけ大切な共通点があった。それは「金になる＝スポーツを糧にして生きていけるかもしれない」ということだった。

野球は、団体で戦う球技。チームプレーが必要になる。また、たとえ個人がダメだったとしても、チームとして勝てばよい。

しかしボクシングは、個人で戦う格闘技である。一人でも戦える一方、全てが個人の責任になる。

有二の生まれながらの性格からして、どっちが向いているのか。その答えは、書かずとも知れている。

裸一貫。1対1で、堂々と戦うボクシングこそ、彼に授けられた天職だったのである。

それは、幼少の頃に、決して裕福でなかったことから生まれた発想だった。しかし、これが彼の人生の礎を築くことになった。

泥のついた千円札

1965年の春。有二は粟野町立清洲第二中学校を卒業し、東京に出た。そしてネジやボルトを扱う販売会社に就職した。

彼には四畳半の一部屋が与えられ、社会人としての第一歩を踏み出した。

しかし彼は、ずっとそこにいるつもりはなく、やがてボクシングの道へ転身することを心に決めていた。

ちょうどファイティング原田が、世界バンタム級チャンピオンのエデル・ジョフレを破って、2階級制覇を果たした直後のことだった。日本中がこの話題で沸いていた。

この雰囲気（環境）を好機と捉え、有二は、社長にこう切り出した。

「俺もボクシングをやりたい。仕事が終わったら、ボクシングジムに通わせてくれ」

しかし、そのときの社長の一言がストレートパンチのように効いた。

「バカを言うな。なれるわけがないだろう」

この心無い言葉で、彼の心に火が付いた。

彼のプライドは、理由を告げず会社を去ることを選択した。彼は荷物をまとめ、いったん栃木に戻った。

次の仕事（給食サービス会社）を見つけ、2回目の上京のときだった。彼は、道路工事をしていた母のところへ行った。しばらく会えないので、声をかけておこうと思ったからである。

すると、母はツルハシの手を止めて、腹巻のなかからクシャクシャになった千円札を取り出し、それを手渡してくれた。

日給240円で家計を支えていた母が、千円札を持っていたことに有二は驚いた。彼はその後、泥を落とし、しわを伸ばした千円札に、どうしても手を付けることができなかった。

彼は、その千円札をいまでも大切に保管している。

あるとき東京で、子どもの頃に、共に悪ガキだった同級生に会った。

彼がこう訊いた。

「ボクシング、まだやってないのか？」

有二は答えた。

「だって、どこのジムに行ったらいいのか分からないし……」

そのとき、かつての悪ガキの口から放たれた一言が、その後の有二の人生を変えることになった。

「だったら、俺の家の近くにジムがあるよ」

彼は遠くに見えるほんの小さな希望と、とてつもない大きな不安を抱えてヨネクラジムの門を叩いた。入会金1500円。月謝1500円。有二にとっては、かなりの高額だった。

コーラ35円、風呂18円、牛乳18円……。そんな時代だったからである。

プロテストに合格

15歳で上京してから2年。プロ資格が取れるようになった有二(17歳)は、2回目でプロテストに合格した。

1966年12月のデビュー戦。ゴングと同時に無我夢中で向かっていったら、右フックを受けた相手がぶっ倒れた。

その後も同じような試合が続き、彼はデビュー戦から4連勝を飾った。しかし、まだ順風満帆というわけにはいかなかった。

その理由というのは、彼の貧しかった生い立ちをヌキにしては語れない。実は、有二は、のちに新人王（全日本ライト級）を獲ったものの、世界に到達するまでに11敗も喫している。これは歴代の世界チャンピオンのなかでは、飛び抜けて多い。

彼は、新人だった1年間に4回戦を11試合もこなした。

自身は、その理由をこう明かす。

「当時、日給はたったの1000円。しかし試合をやると、勝っても負けても、現金3300円がもらえる。負けて倒れていても、ハイ3300円ですよ」

多少ムリをしても、試合をした方がいい。そしてお金を手に入れたい。彼は、少しでも栃木に住む両親に仕送りをしたいと考えていたのである。

有二はマットに倒れていても、心のなかでこう思っていたという。

「これでお金がもらえる」

彼はジムに行ったら、他人の倍くらい練習した。しかしロードワークをやらなかったせいで、スタミナに課題があった。

そのため世界への道のり（後述）は長くなる。また、それを切り開いていくためには、それなりの人との出会いが必要だった。

いくら本人にその気があっても、またどんなに強くなっても、その道筋をつけてくれる人がいなければ、世界チャンピオンにはなれないのである。

ヨネクラジムの米倉健司会長（元東洋バンタム級チャンピオン）は、そういう意味で、有能なマネジャーだった。

多忙だった米倉会長が、有二に目を向けはじめたのは、新人王を獲った頃からのことだった。

石松と三度笠

私が彼にはじめて会ったとき、真っ先に訊いたことがあった。

それは長年、面白いと思って観ていた登場のときの演出だった。派手な音楽とともに、彼にスポットライトが当てられ、三度笠で登場するあのシーンのことである。

「あの三度笠スタイルは、自分で考えたんですか？」

彼は、即座に応えた。

「いや、とんでもない。ボクは嫌だったんですが、テレビ用の演出というのか、興行としてやらされていたわけですよ」

1967年。彼が、まだ全日本ライト級新人王になる前のことだった。ある後援者から出された一つのアイデアが、そのまま具体化された。

その後援者のアイデアというのは、こうだった。

「鈴木クンのバンカラな性格は、映画で観た〝森の石松〟に似ている。リングネームを〝鈴木石松〟に変えて、ついでに三度笠と合羽姿でリングに上がったらどうだろうか」

考えてみると、この自由きままな発想はすごい。現にそれ以降、このスタイルが日本中を熱狂させることになった。

なぜ、私が最初にこのスタイルの仕掛け人は誰かと訊いたのかというと、その心の余裕から生まれるエンターテインメント性こそが、彼の人生を貫いている芯のようなものだと思ったからである。

短い人生。こういう人を食ったような生き方（スタイル）は大好きである。

栃木を出てから3年目（1969年2月）。彼は全日本ライト級新人王になった。すると、驚くようなことが起きた。それまで自分を排除しようとしていた地元の空気がガラリと変わったのだ。

地元の公民館で祝勝会をやるから帰ってこい、という。

彼は、米倉会長と一緒にクルマで栃木に向かった。そのクルマのなかでの会話である。

「世の中、こんなもんですかね。新人王になったら、みんな手のひらを反して……。冗談じゃないよ」

すると、米倉会長がこう言った。

「石松。新人王くらいでこれだぞ。日本チャンピオンになったら日本中、東洋チャンピオンになったら東洋中、世界チャンピオンになったら世界中、みんな友だちになるぞ」

そのとき彼は、こう思った。

「俺はまだまだ、こんなもんじゃない」

故郷への国道4号線を走りながら、鈴木石松のハンドルを握る手に、思わず力が入った。

そのときから目の前に広がる現実の景色として、彼の世界挑戦がはじまった。

初めての世界戦

それでもまだ、彼の世界挑戦までには遠く長い道のりがあった。

そもそも彼は18歳頃まで、食べるものにも困り、栄養失調のような状態になりかけたこともあった。そのため血圧が高く、すぐに疲れる体質があった。

はっきり言えば、スタミナがなく、試合途中で嫌になって〝嫌倒れ〟したことがあるというのである。

ただ一方で、彼には人から教わったものではなく、持って生まれた天性のような強いパンチ力があった。例えば、右利きボクサーが放つ左ジャブ。それが、まるでストレートのように強かったのである。

具体的に書けば、こうなる。

まず相手が入ってくるところを左で止める。そのとき相手からすると、一発ガツーンとストレートをもらったような感じになるのだ。そのため観ている人に〝強い〟という印象を与え、その分、試合にエンターテインメント性が増すのである。

このため彼には、何度も試合のオファーがあった。その流れのなかで、ついに彼は世界初挑戦の機会をつかむことになる。

そのきっかけは、１９７０年1月25日。ノンタイトル戦ながら、当時の東洋ライト級チャンピオン（ジャガー柿沢）を破ったことだった。

柿沢は、次の試合で世界タイトルマッチが内定していたのに、その座をパンチ力のある石松に奪われることになった。

WBA・WBC世界ライト級チャンピオンのイスマエル・ラグナに挑戦するため、石松は敵地パナマに向かった。

パナマに乗り込む前に、彼は、時差調整も兼ねてハワイで合宿。そのときの思いはこうだったという。

「俺はまだ世界チャンピオンにはなれないだろう」

彼は合宿というよりも、ワイキキビーチでひと時を過ごした。またパナマに行っても、専用のガードマン付きで、パナマ運河にワニを見に行ったという。

さらに彼は、当時のノリエガ将軍とも食事を共にした。パナマにおけるボクシングというのは、日本のプロ野球みたいなもので、その挑戦者も英雄扱いされていたのである。


いよいよ試合がはじまる。

彼は日本での試合と同じように、合羽と三度笠姿で登場した。本人の言葉を借りるならば、みんな笑っていたのではないかという。

やっている本人の感触で言えば、あのスタイルが受けはじめたのは、チャンピオンになってからだという。

試合は一方的だった。ラグナは、アウトボクシングを徹底しスピード感があった。おそらく石松のパンチ力を十分に警戒した戦いだったのだと思われる。

一方の石松は、ラグナの遠くからの鋭いジャブで、徐々に体力が奪われていくのを感じた。会場がサウナみたいだったのも効いた。

それでも石松は、12ラウンドまで持ちこたえた。彼には、ラグナのパンチをまともに受けない技術があったからである。

しかし、そのあとの13ラウンド。あと15秒というところでダウンした。そしてレフリーが試合を止めた。

考えてみると、石松は、それまで日本でも10回戦をフルに戦ったのは、たったの3試合しかなかった。つまり13ラウンドというのは、はじめての体験だったのである。

こうして世界への初挑戦は、13回TKO負けで終わった。

本人は、こう言う。

「あのときスタミナさえあれば、倒れていなかった」

実はこのとき、石松が全身で感じたフィーリングこそが、世界制覇の第一歩に繋がっていく原動力になった。

「同じ失敗を繰り返してはいけない」

この思いこそボクシング、いや人生の大きな教訓である。

ガッツ石松の誕生

2度目の世界挑戦の相手は、WBA世界ライト級チャンピオンのロベルト・デュラン(パナマ)だった。

1973年9月8日。またもパナマでの試合である。この日は、同じくWBA世界フェザー級チャンピオン戦とのWタイトルマッチだった。

この試合でも石松は、あのスタミナ切れの悪夢から逃れることができなかった。

9ラウンドに2度ダウンし、10ラウンド目に強烈なボディをもらってKO負け。彼は、こう振り返る。

「倒れたのは、疲れたことが原因の〝嫌倒れ〟。力はまだ十分に残っていた。6ラウンドに左フックを打ったら、相手がガクッと腰を落としたので、手応えもあった。もっと体力があればという感じがあったし、心まで負けたとは思っていない」

デュラン戦のあと、ヨネクラジムのスポンサーだったBVD（男性用下着ブランド）の社長から次のような話があった。

「君はボクサーとして、なかなかいい素質を持っている。しかし、あと一歩のところでスタミナ切れする。〝ガッツ〟が付くようにリングネームを〝ガッツ石松〟に変えなさい」

ガッツ＝根性。うまい命名だと思った。そうなると、これまでみたいに試合を途中で止めるわけにはいかない。

名前も変わった。

デビューから8年目。栃木の田舎から出てきた青年に、すぐに3度目の世界挑戦の機会が訪れた。

3度目の世界挑戦の相手は、WBC世界ライト級チャンピオンのロドルフ・ゴンザレス（メキシコ）だった。

試合は、地元の日本開催。ガッツ石松は、2回も合宿して試合に備えた。ところが1974年1月17日に行われるはずだった試合が3カ月間、延期になった。ゴンザレスが毒グモにかまれたというのが、その理由だった。この延期は、石松にとって追い風になった。本人はこう語る。

「試合が予定どおりだったら、俺は負けていたと思う。10ラウンドくらいまでは5分5分に戦えたと思うが、彼のボディブローは強烈で、また後半になってから倒されていたかもしれない」

彼自身、まだ課題だったスタミナが改善されているとは思っていなかったのである。彼は、伊豆長岡で3度目の合宿に入った。

いいことは重なるもので、そのときちょうどヨネクラジムにエディ・タウンゼントというトレーナーがやってきた。彼とは本当にウマがよく合った。

この合宿で、はじめて彼はこう思った。

「これで勝てる」

ボクシングで一番大切なのは、下半身（土台）である。土台をしっかり鍛えてスタミナをつけておけば、負けることはない。

彼は、はじめて大きな自信を身にまとって世界戦に挑むことになった。

相手はレフリーだった

1974年4月11日。会場は日大講堂（旧両国国技館）。

試合前の予想では、圧倒的にゴンザレスが有利だった。チャンピオンはプロで80試合以上を戦って、KO率が8割を超えていた。

一方の石松は、11回も負けて5回引き分け。マスコミ関係者の間では、誌面に書かないまでも、こう囁かれていた。

「石松は、何ラウンドまでもつだろうか」

しかし石松の自信は揺るがなかった。試合は、1ラウンドから石松ペース。足を使って、リズムよく左ジャブを出す。彼は、心の中で「リズム、リズム、リズム」と呪文のように繰り返していた。

ところが、この石松の軽快なフットワークにイチャモンを付けたのは、レフリーだった。何の注意もなしに、いきなり減点された。一瞬、相手の頭を押さえたというのである。

しかし石松は、動じなかった。あとでVTR映像を分析してみると、レフリーの方が、負けるはずのないゴンザレスが攻め込まれる姿を目の当たりにし、動揺しているように見えた。

そして、このあと世界中のボクシングファンがアッと驚く、前代未聞の出来事に遭遇することになる。

8ラウンドの1分過ぎ。石松の右クロスから左フック。そして、のちに〝幻の右〟と言われるようになる右が当たった。

あのゴンザレスがマットに沈む。ところがレフリーはこれに驚いて、カウントするのをわざと遅らせた。そしてゴンザレスを立ち上がらせた。

そこで石松は、立ち上がってきた相手を再びアッパーでダウンさせた。ところがレフリーはカウントもせず、ゴンザレスの腕を引っ張って、立ち上がる手助けまでしたのである。

これは完全なルール違反である。

ともかくレフリーは、理由がどうであれ、どうしてもゴンザレスに勝たせたかったのだと思う。

コーナーで米倉会長やタウンゼント・トレーナーが激怒し、リングに入ろうとする姿が目に入った。しかし、それを制したのは石松だった。

そうすれば、自分が反則負けになる。その後、石松は立ち上がってきたゴンザレスに容赦なく襲いかかった。

そして8ラウンド2分12秒。ゴンザレスが再びキャンバスに崩れ落ち、もう立ち上がることはできなかった。

こうして石松は、日本人（アジア人）ではじめてライト級で世界チャンピオンになった。

彼は飛び上がって両手を広げ、その喜びを表現した（写真）。この動作こそが、世に言う〝ガッツポーズ〟である。

チャンピオン・ゴンザレスをダウンさせる

そのとき日大講堂は、狂乱状態になった。もちろん日本中が沸いた。

彼は、近くにいた長女（有紀さん）をリング上に抱きかかえた。すると、インタビューしていたアナウンサーがこう叫んだ。

「一粒種の有紀ちゃん、娘さんです！」

いまでこそ世界チャンピオンになったボクサーがみんなやっていることだが、

そのはしりはガッツ石松だったのである。

それはボクサーになる夢を抱いて上京してから、9年目の出来事だった。

家を建て替えてくれ

ボクシングファンならよく知っていると思うが、そもそも草創期には、ライト(軽量)級とヘビー(重量)級の二つの階級しかなかった。

しかしその後、世界中のさまざまな民族(体型)の人が参戦できるよう、ミドル級、ウェルター級、フライ級などの階級が増設されていった。

現在「ライト」と名が付くだけでも、軽い方で「ライトフライ級」。重い方で「スーパーライト級」「ライトヘビー級」というのがある。

現在でも、元祖のライト級というのは、最も伝統ある階級の一つとされている。日本人でこの階級を制したのは、ガッツ石松を含め3人しかいない。

彼はアジア人ではじめて、そのライト級のチャンピオン(写真)になり、一躍、時代のヒーローになった。

世界チャンピオンになってから、彼の状況は一変した。

変わったのは、名声や名誉だけではなかった。それまで、あんなに苦労していたお金が入るようになったのだ。

彼はすぐに、ボクサーになる前から頭のなかに描いていたことを実行に移した。そう、それは功を遂げてから、両親にまとまったお金を渡すことだった。

チャンピオンベルトを巻いて記念撮影

彼は、最初のファイトマネー200万円を全額、父親に渡した。
「これで雨漏りのする家を建て替えてくれ」
当時の200万円というのは、いまの600万円くらいに相当する金額である。彼は、このときのことをこう話す。

「本当は世話になった女房に手渡すべきだった。しかし俺はこう言った。〝これは全部お前にやる。ただ、いったん俺に貸してくれ〟。お前には、タイトルを防衛してから必ず返す」

彼はどんな状況になっても、貧しいなかで自分を育ててくれた両親のことを忘れていなかった。

あのとき腹巻のなかから出してくれた泥のついた1000円札を、彼はその8年後に、2000倍にして返すことができた。

5回のタイトル防衛

24歳で世界チャンピオンになったガッツ石松の人生は180度、変わった。

ただ本当に変わったのは、石松の方ではない。それは、すぐに新しいものに飛びつく世間の方だった。

試合翌日には、さっそく当時の人気TV番組「うわさのチャンネル!!」に呼ばれた。そのとき、ボクシングをあまり知らない和田アキ子（MC）がこう切り出した。

「何だ、キミは。仕事は？」

すると、石松はこう応えた。

「僕さあ、ボクサーなの」（注・僕さあ＝ボクサー）

そのときスタジオ内が大爆笑になった。その絶妙の間、漂う空気感みたいなものが、のちに彼独特の芸風を創り出すことになった。

ハードなイメージを持つスポーツマンが、その全く逆のイメージで、わざとボケて見せる。そうすると、スタジオ内が、いや日本中が大喜びしたのである。

彼の面白い発言やアクションは、その後も日本中をほっこりさせた。当然のことながら、彼には、次々と番組の出演オファーが舞い込むようになった。

世界チャンピオンになってから、彼のボクサーとしてのモチベーションはいっそう増した。ここまで8年もかかったが、ようやく、どうすれば勝てるのかというコツも分かってきた。

1974年9月12日。チェリー・ピネダ（メキシコ）との初防衛戦は、名古屋で行われた。試合の2日前には、PR興行のため市内でパレードがあった。そのせいか、試合前に風邪をひいた。そして微熱があった。それでも彼は、試合の終盤に本領を発揮して引き分けに持ち込んだ。

2度目の防衛戦（大阪）は、そのわずか2カ月後の11月28日だった。あのゴンザレスとの再戦である。もちろん今度は、別のレフリーだった。

中盤までは足を使ったヒット&アウェー作戦。そして12回に右フックと右ストレートの2発でKO勝ち。

この際の右フックというのは、ちょっと下がりながら、相手の左に合わせて打つカウンターのことである。石松は、再び〝幻の右〟で宿敵をマットに沈めた。

3度目の防衛戦（1975年2月27日 東京）の相手は、ケン・ブキャナン（イギリス）だった。彼は、当時の世界ランキング1位。イギリス王室から勲章をもらうほどのボクサーだった。しかし、この試合も石松の判定勝ち。

4度目の防衛戦（6月5日 大阪）は、石松26歳の誕生日だった。再びピネダとの対戦になったが、これも3―0の判定勝ち。

ついに5度目の防衛戦（12月4日 東京）を迎えた。円熟味を増した石松は、コスタリカの英雄だったアルバロ・ロハスを、14回に右アッパーでマットに沈めた。

こうして約2年間にわたり、石松は、世界ライト級チャンピオンの座に君臨し続けたのである。


ちなみに、この時代の日本のプロスポーツ界を振り返ってみよう。

その頃は、右肩上がりの経済成長を背景にして、国民がみんなスポーツに熱狂する時代だった。

野球では〝ミスタープロ野球〟の長嶋茂雄。相撲では〝巨人・大鵬・卵焼き〟の大鵬。そしてこの並びに、ボクシングのガッツ石松が加わった。

特に、連戦連勝した1975年はすごかった。

そのためガッツ石松は、その年の日本プロスポーツ大賞に自分が選ばれることを確信していた。ところが、突然、伏兵が現れた。

その伏兵こそ球団創設以来、苦節26年目にしてリーグ初優勝を果たした広島東洋カープだったのである。

彼は、そのときのことをこう語る。

「あれは仕方なかった。だって、こっちは一人なのに、向こうは集団だったから……」

落日のとき

これまで5度の防衛戦は、いずれも日本で行われた。

挑戦者の方が、チャンピオンのいるところに出向いて戦うというのが本筋だと思われるからである。

ところがプロボクシングの世界には、もう一つ大切な要素がある。それは、ファイトマネーの多寡による開催地の選択権である。

6度目の防衛戦が、挑戦者エステバン・デ・ヘススの地元（プエルトリコ）に決まったのは、多額のファイトマネーのせいだった。

1976年5月8日。現地の野球場に2万人を超える観客が集まった。高いファイトマネーを払わなければならないので、興行収入を上げるために大きな会場が必要だったのである。

石松は、国を挙げて戦っている雰囲気を感じたという。ヘスス側には、以前ムハメド・アリのトレーナーを務めていたアンジェロ・ダンディが付いていた。

試合は、いきなりヘススペースではじまった。向こうの作戦にはまったというか、石松のヒット&アウェー作戦は完全に読まれていた。

それでも石松は一発当たれば、逆転できると思っていた。ところが、いつのまにか試合が終わった。まだ十分に戦う元気は残っていたのに……である。

判定は0—3。完敗だった。

ところが石松には、さほど敗北感はなかった。ベルトは失ったけれど、それにふさわしい報酬がもらえたからである。

彼は、このときのことをこう語る。

「ホットコーヒーを飲んだときのような気分だったね」

ホットコーヒー？　その意味が誰にも分からない。彼はこの話のあとで、こう付け加える。

「ホッとしたってことですよ」

このジョークは、チャンピオン特有の気持ちをよく言い表している。

読者は、1970年代のアリスの「チャンピオン」(作詞・作曲 谷村新司)という曲を覚えているだろうか。それは、ボクシングのチャンピオンの落日を、切なく見事に描いた名曲である。

特に「帰れるんだ これでただの男に 帰れるんだ これで帰れるんだ」と繰り返し歌うところが、心に沁みる。

それでも、彼の心のなかにはわずかな残り火があった。

ヨネクラジムは、石松の心情を酌むようにして、一階級上のジュニアウェルター(現スーパーライト)級での2階級制覇を目指すことを決めた。

1977年4月2日。その初戦（東京）は、WBCチャンピオンのセンサク・ムアンスリン（タイ）への挑戦だった。

ただその頃、石松は、すでに芸能界へ一歩足を踏み入れていた。実際に、田宮二郎主演の「白い巨塔」にゲスト出演していたのである。

そのため彼は、合宿所から映画の撮影現場に向かうというハードスケジュールをこなしていた。

この状態で、一階級上のボクサーに勝てるはずがない。彼は6回1分56秒でKO負けを食らった。

彼はこう言う。

「長年その地位に君臨していると、またできると思っちゃうんだね。でも、そんなに甘いもんじゃなかった」

それでも彼は、1978年6月20日に東京・後楽園ホールで新井容日（のちの日本スーパーウェルター級チャンピオン）とのノンタイトル戦を組んでもらった。

しかし相手のパンチがくると分かっていても、足がついていかない。この試合で、彼の心は完全に萎えた。

「試合をやれば、まだ客は来てくれるかもしれない。しかし、もう自分を裏切ることはできない」

どんなスポーツマンにも〝引退〟という二文字がやってくる。

ガッツ石松は、そのときまだ29歳。時代は、成田に新東京国際空港が開港し、原宿に竹の子族が出現し始める頃だった。

ひとり東京に出てきてから13年という歳月が流れていた。

ぶち楽しい登り坂

さらに、そこから33年という長い歳月が流れた。

私は、それなりに年齢を重ねたガッツ石松と、大学構内にあるダラダラ坂を歩いて登っていた。教室から体育館前のグラウンドまで移動するだけの90メートルくらいの距離だった。

スタスタと歩く私の後ろで、彼の様子が少しおかしかった。

「どうしたんですか？」

私は、振り返って彼の様子を窺った。すると、立ち止まった彼がこう言った。

「息が切れて……。少し待ってください」

かつて足腰を鍛え、フットワークで世界を制した男が、わずか90メートルの距離に苦戦している。

実は、本学（特に中野キャンパス）内は、坂道だらけだった。

考えてみると、人生というのは、いつも登り坂である。さらに言えば、どんなに名声があっても、老いは平等にやってくる。

つまり人間は、何歳になっても、足腰の鍛錬を怠ってはいけないのである。

その2、3カ月後のことだった。大学案内やチラシを作成するため、広告会社から複数のキャッチコピーが提案された。

実際に採用されたのは、次のようなコピーだった。

「ぶち楽しい登り坂！」

これは学生たちに、次々とやってくる人生の登り坂を楽しく逞しく克服していってほしいと願ったものである。

決して、あのときのガッツ石松を皮肉ったものではない。

第2章 芸能界の異端児

スピルバーグ監督とガッツ石松
（映画「太陽の帝国」より）

ガッツ石松が、広島国際学院大学の客員教授に就任したとき、彼が元ボクシングの世界チャンピオンだったことを知らなかった学生がいた。

その幾人かの学生たちは、テレビのバラエティー番組で「ＯＫ牧場！」などと言って、周囲を笑わせるタレントだと思い込んでいたのである。

ところが、彼は、そういうイメージとは程遠い。

栃木の寒村から東京へ出てきたとき、彼がはっきりと心のなかに描いていたのはボクシングへの道だった。しかしその一方で、ひそかに目指していたのは演技で人々の心を動かす俳優への道だった。

次に紹介するのは、月刊『俳句界』（２０１７年７月号）で、評論家・佐高信と対談したときの彼の話である。

「役者になりたくて、東映の大泉の撮影所に行ったことがあります。〝俺はボクシングの東洋チャンピオンだけど、演技もうまいから俳優になりたい〟と言ったら、守衛さんが〝どこから来たの？〟と訊く。〝そっちからバスできた〟と答えたら、彼は〝こっちだよ〟と言って案内してくれた。ただ、そこは〝出口〟だった」

彼は、門前払いをくらったときの状況を、ジョークにして話す。

ボクシング界で世界チャンピオンになったような人は、まず芸能界、特にテレビ業界が目をつける。圧倒的な集客（視聴率アップ）が見込めるからである。ファイティング原田、輪島巧一、具志堅用高、渡嘉敷勝男、長谷川穂積、亀田三兄弟、内藤大助……。

しかしガッツ石松は、ボクシングの元世界チャンピオンの肩書から、その流れを活用して芸能界で活躍する人たちとは一線を画す。

なぜなら、彼の演技に対する姿勢、考え方が、他の人たちとは違っているからである。本章を読む前に、まずそのことを知っておいてもらいたい。

橋田寿賀子って、誰？

いろいろな番組に呼ばれるようになってから、他の芸能人からさまざまなアドバイスをもらうようになった。

そんななかで、浅香光代の話には説得力があった。

「芸能界で本気で生きていくつもりなら、何でもやりなさい」

ちょうどその頃、TV番組（TBS）の新ドラマに出演してほしいというオファーがあった。もちろん、彼はそれを引き受けた。しかし突然、キャンセルの電話がかかってきた。

納得のいかなかったガッツ石松は、さっそくTBSの担当者に、その理由を訊ねる電話をかけた。

すると、説明はこうだった。

「君はこの前、バラエティー番組に出て、カツラをかぶって着物を着て、踊っていたらしいな。もっと元世界チャンピオンとしてプライドを持ちなさい」

ところがその後、すぐに同じ人から電話がかかってきた。

「ところで今度、ウチの女房がNHKの大河ドラマを書くので、君のことを伝えておいたから」

ガッツ石松は訊いた。

「女房って、誰のことですか？」

実は、ＴＢＳの担当者というのは、当時、すでに脚光を浴びていた女流脚本家の夫である岩崎嘉一（故人）だった。

彼は、水戸黄門が印籠を示すような口調で言った。

「橋田寿賀子だ」

すると、ガッツ石松が再び訊いた。

「橋田寿賀子って、誰ですか？」

こうして彼は、１９８１年のＮＨＫ大河ドラマ「おんな太閤記」に森弥五六役として抜擢された。

そのときすでに橋田は、ガッツ石松の人間的な魅力を見抜いていたのである。

彼女は、のちにこう語っている。

「普通、ボクシングの世界チャンピオンになって、この業界に来ると、みんな天狗で鼻もちならないのよ。彼は元世界チャンピオンなのに、芸人として懸命に努力している。だから、あの役はガッツ石松のために書いたものなの」

おしん、その名演技

1983年のNHK連続テレビ小説「おしん」は、日本だけでなく、世界73か国で放送された不朽の名作である。

そのなかで、露天商の元締め役を演じたのが、ガッツ石松だった。

彼は62・9%という史上最高視聴率を記録した回でも、長いセリフをしゃべった。彼は全身全霊で、その役を演じきったのである。

その結果、このドラマで、彼は役者として十分すぎる地位（評価）を得た。次に書くのは、その実力を示す証のような話である。

歳を重ねていくおしん役は、小林綾子→田中裕子→音羽信子へと変わっていった。なのにガッツ石松は、白髪姿まで一人で演じきった。

元来、年代が異なる役を演じることは、大変難しい。

クランクアップの日のことだった。全ての演技を終え、役者たちが花束をもらう。彼はその花束をかかえ、控室に戻った。そして鏡の前で、役のままの自分の姿をまじまじと眺めた。

すると、両のまぶたから涙が流れてきた。

「俺は、やることをやったぞ！」

それは、ボクシングで世界タイトルを獲ったときとは少し異なる新たな感動だった。

その後、事務所には、次から次へと仕事が舞い込んでくるようになった。

彼は、再び多忙の人になった。

ハリウッドへ進出

日本にしぶい演技をする男優がいる。しかも、その男は元ボクシング世界チャンピオンである。この話題は海外にまで届いた。

１９８７年のことだった。

ハリウッドにその名を轟かせていたスピルバーグ監督から、日中戦争を舞台にし、英国少年の生きざまを描いた『太陽の帝国』に出演してほしいというオファーがあった。

彼は、その映画のなかで日本兵の上官役を演じた。

彼は言う。

「セリフは完全に憶え、現場に台本を持ち込むようなことはしなかった」

ボクシングの世界でも、何年も勉強してチャンピオンになった。だから、この世界でもセリフは徹底的に憶え、現場に台本は持ち込まない。それがプロというもの……。そういう信念があったからである。

翌89年のこと。彼はリドリー・スコット監督のハリウッド映画「ブラック・レイン」に出演した。そしてそのとき、憧れだったマイケル・ダグラス（写真）、アンディ・ガルシア、高倉健らと共演した。

この作品では、他に松田優作、神山繁、若山富三郎らが出演しており、日米の豪華なキャスティングで話題を集めた。

なかでも悪役で出演した松田優作は、これが最後の映画出演になった。

一緒に「ブラックレイン」に出演したマイケル・ダグラス

こうなると、ガッツ石松にも映画人としての夢が芽生えてくる。彼は、ついに自分で映画を製作する夢に挑戦することを決意した。

おおよその構想は、自らが描いた。引退したボクサーが息子のために、再びリングに立つという話である。

このシナリオ作りについては、かつて出演した『北の国から』の脚本を書いた倉本聰に依頼した。

倉本は、その原稿を石松の自宅まで届けてくれたという。

その原稿には、こう記されていた。

「このシナリオをガッツ石松に捧げる」

こうして彼は、映画の企画、製作、監督、主演の全てを自分で担当した。

ただ監督については、当初、他の人に頼む予定だった。しかしボクシングの細かい機微が十分に理解できないと思って、自らが担当することにした。

倉本聰の脚本ということだったので、松竹（映画）、フジ（テレビ）などが乗ってくれた。ただ営業成績は、あまりパッとしなかった。

彼は言う。

「元ボクサーのガッツ石松が、ボクシング映画を作ったんだってさ」

この際、彼が元ボクサーだったということが、かえってウラ目に出たのではないか。

実は、この映画を作っている最中に、ハリウッドのアクション映画のシルベスタ・スタローンが彼に会いにきた。

スタローンといえば、あの映画『ロッキー』の脚本を書き、自ら主役を務めた大スターである。

そのときガッツ石松は、自分が作っている映画のことを詳細に話した。

あのときスタローンは、自分の映画を製作するために、ホンモノのボクサーの話を訊きにきたのである。

ちなみに2006年に作られた名作『ロッキー・ザ・ファイナル』は、主人公が子どものためにカンバックする話だった。

倉本聰が、ガッツ石松のために書いたシナリオは、その後、人と形を変えてハリウッド映画になった。

ガッツ石松は、その後も映画を作る夢を捨てなかった。

私が彼に出会ったあとの2011年、彼は自作映画『罪と罰』を発表した。

この映画のなかで、彼は、罪を犯した人の人権が必要以上に守られ、被害を受けた人の権利が軽視される社会に対し、その不条理さを訴えている。

ここで大切なことを、伝えておきたい。

ガッツ石松は、テレビ番組のバラエティートークなどで見せるユーモアに富んだギャグなどで注目を集めた。

しかし、多くの読者に失礼な書き方になって申し訳ないが、彼は、その程度のことで拍手喝采を送ってくれる大衆に自分を合わせているだけである。

それは、彼のほんの一面に過ぎない。幼い頃から育まれてきた反骨精神、そのプロセスで培われた正義感こそ、彼の真骨頂なのである。

家族の支え

上京して以降、新しく加わった家族のことについても書いておきたい。

まだボクシング関係者以外に、あまり名前が知られていなかった時代。リングネームを鈴木石松に変えた彼は、友人と一緒に松坂屋のネクタイ売り場に行った。

そこで一目惚れしたのが、ひときわ輝いて見えた奥さん（正子夫人）だった。

「友人の友人（女性）が、たまたま同じネクタイ売り場にいたので、すぐに電話番号を聞き出して……」

その後、東洋チャンピオンがかかった試合に彼女を招待したものの、試合には負けた。ただ、ひたすらボクシングに取り組む姿勢に、彼女の心が動いた。そして、1972年に結婚した。

以降、ガッツ石松のボクシング人生は、家族とともにある。

「彼女に無様な試合を見せてはいけないと思い、一生懸命にやりましたよ。そうしていたら、長女(有紀)が生まれた。生活を背負うようになってから、いっそう集中するようになった」

その長女は、その後、父親の影響を受けて、芸能界(芸名・鈴木佑季)で活動するようになった。


いま、私とガッツ石松を仲立ちしてくれているのは、彼のマネジャーを務める息子である。

その息子の名前には、ほっこりする由来がある。

「あるTVバラエティー番組で〝ガッツさんはどんな役者になりたいんですか?〟と訊かれたことがあった。そのとき〝高倉健さんとか、菅原文太さんみたいな役者だね〟と答えた。すると、みんなが笑った」

息子の名前の由来になった高倉健(左)と菅原文太(右)

ただ彼は本気だった。そこには信念のようなものがあった。

その息子の名前は「鈴木健太くん」である。もうお気付きだと思うが、「健」は高倉健の「健」、「太」は菅原文太の「太」である。

ちなみに彼が勤務する会社「ガッツ・エンタープライズ」の事務所には、高倉健と菅原文太と共に写った写真が掲げられている。

健太くんは、まさしくその名のとおり、ちょっと細身で、若い頃の高倉健に似ている。実のところ、その人気は本学内でも絶大だった。

「次にガッツ先生が来るのはいつですか?」

よく大学の女性職員から訊かれた。その人のお目当てはガッツ先生ではなく、いつも一緒に来る健太くんだった。

私は、幾人かの有名人のマネジャーに会ったことがあるが、いまだにこれほどスマートなマネジャーにお目にかかったことはない。

一方で、正直な話も書いておきたい。

ガッツ石松のビジネスセンスには、決して優秀とはいいにくいようなところがある。

彼は、世界チャンピオンになってから、東京(池袋)に「石松」というマージャン店を開業した。そして、いつも合宿していた伊豆(長岡)にはスナック「石松の店」を開業した。さらにカレーやラーメンなどの飲食店にも手を出した。しかし、いずれも成功には至っていない。

彼は言う。

「やっぱり他人任せではダメ。だから映画を作り、役者として身を立てるようになってから、自分でガッツ・エンタープラズという会社を設立した」

彼はいま、その会社の社長を務めている。そして、その会社の番頭役を務めているのが、健太くんなのである。

政界への進出ならず

彼の正義感の強さについては、すでに書いた。

そのため芸能界（映画、TVバラエティーなど）で活動しているうちに、社会活動への意欲が出てくるのは、ごく自然なことだった。

ガッツ石松は、1981年に菅原文太らとともに「雷おやじの会」を立ち上げた。その頃、社会にいじめ問題が顕在化し、親が子どもを、子どもが親を殺傷するなどの信じられない事件が頻発していたからである。

この会には、元横綱の輪島大士、スキーの三浦雄一郎、冒険家の植村直己（故人）、漫画家の加藤芳郎（故人）らが名を連ねていた。

「そのなかで世の中のことを話していると、どうしても政治の話になる。映画で青少年問題を取り上げることはできても、現実に実行することはできないからね」

国政の世界では、ちょうどその頃、衆院選挙が、中選挙区制から小選挙区制に変わるときだった。そうなると、どの政党も候補者が足りない。

最初に声をかけられたのは、社会党（現社民党）だった。次に小沢一郎の新進党。しかし最終的に彼の心を動かしたのは、当時、森喜朗が幹事長を務めていた自民党だった。

「森さんから連絡があって〝一緒にご飯を食べよう〟ということで行ってみたら、〝東京16区（江戸川区）から出てくれ〟と言うわけよ。自分が住んでいる中野区とか、知り合いがたくさんいる練馬区ならいいと言ったが、結局は押し切られた」

実際の選挙は、予定より2年間も伸びて1996年10月20日に実施されることになった。

選挙活動では、「学校の教師に権威を与えよう」とか、「警察官を増やそう」とか、

「お年寄りを大切にする地域づくり」とか、教育や福祉に重点をおいた政策を訴えた。

その考え方の本質は、その後、大学で教鞭を執るようになってからも変わっていない。

彼は、その数字をいまでもよく口にする。

「4万3766票。それだけの人が〝ガッツ石松〟と書いてくれた。でも落選した。残ったのは、疲労と3億円の借金だったけどね」

政党から一定額の交付金は出たものの、何台ものクルマ代、事務員や秘書の給与、ポスター代、交通費などを含めると、とても足りなかった。

そして何より約2年間も、選挙活動のために本業の仕事（CM、TV出演など）ができなかったことが大きな痛手になった。

その数年後。小泉純一郎が首相だった時代に、再び自民党から声がかかった。今度は中川秀直（当時 党国対委員長）からのアプローチだった。

「前の選挙では迷惑をかけた。今度は参院選だけど、小泉旋風なので名簿に名前を載せるだけで当選するから……」

しかしガッツ石松は、首をタテに振らなかった。まだ前回の借金が残っている。それに、CM契約も複数あった。

「CM契約もありますから……」

そう断ったら、中川がこう言った。

「そのギャラは、党が保障しますから……」

もしこの話に乗っていたら、ガッツ石松は、議員バッジをつけていたかもしれない。しかし、そのことを彼の正義感が許さなかった。

「スポンサーとの約束もあるし……。それは人間としてやってはいけないこと。〝ありがとうございます〟って、きっぱりと断ったよ」

はっきり言って、いまの政治家には、そういう正義感とか清潔感みたいなものが欠けた人が多い。

思い起こしてみよう。安倍…前総理の「桜を見る会」。秋元…議員のＩＲを巡る汚職。さらに河井…夫妻への巨額（1億5千万円）の選挙資金提供などは、政治モラルの欠如がもたらしたものである。

政界には、もっとガッツ石松的な人物がほしい。

はまり役

ガッツ石松は、政治活動のために一時、中断していた芸能活動を再開した。幸いにして彼の存在感は、以前にも増して大きくなっていた。社会・政治活動も〝芸の肥やし〟である。

その直後から、彼はテレビドラマ火曜サスペンス劇場「小京都ミステリー20」（1997年）の警部補役、「ブラックジャックによろしく」（2003年）の宮村役、「農家のヨメになりたい」（2004年）の吉川役、水曜プレミア「つぐない」（2004年）の池永役などを好演している。

さらに映画でも「完全なる飼育」（1999年）で刑事役、「スペーストラベラーズ」（2000年）で庄田役、「親分はイエス様」（2001年）で桑原役、「g@m

いる。

e.」（2003年）で刑事役、「歌舞伎町案内人」（2004年）で刑事役を演じて

ここで気が付く読者もいると思う。その頃、彼のはまり役は〝刑事〟だった。刑事コロンボではないが、ヨレヨレのレインコートをまとったガッツ石松の姿は、いまでも目に浮かぶ。

ただ後学のために書いておく。あるTV番組で調べたところ、実際の刑事のなかで、レインコートを着て仕事をしているのは、誰もいなかったという。つまり、あれはドラマの世界が作り上げた着衣による職業イメージだったのである。

ともかくガッツ石松は、ヨレヨレのレインコートを着て、政治活動で背負った借金をコツコツと返していった。

私が彼に出会ったのは、ちょうど借金を返し終えた時期だったと思われる。私は、彼から数々の苦労話を聞いた。

彼の芸能活動を数字で振り返ってみよう。

出演したテレビドラマは60本以上。バラエティー番組への出演は無数。出演した映画は55本。ＣＭ契約は18社以上。歌手活動のオリジナル楽曲は８曲。著書（共著含む）は12冊。

この数字は、専業の俳優でもなかなか達成できない。

この際、よく考えてみてほしい。いくら映画に出演するといっても、本人の意思だけではどうにもならない。

そこには、彼の存在に目を付け、彼にその役柄を演じてもらいたいと願う、強い意思が必要だった。

彼は刑事役だけでなく、与えられた役をことごとくこなしていった。彼特有の人柄というのだろうか。雰囲気というのだろうか。そこがすごい。

私たちは、この彼のユニークで多彩な実績に目を付けた。

「彼の生きざまのほんの一片でも、学生たちに伝授してもらえないだろうか」

次章で書くのは、彼が大学の教壇に立ってからの物語である。

第3章 大学の教壇に立つ

私は54歳のときに、32年間も勤めていたマツダ株式会社を辞めてサラリーマン生活に終止符を打った。

そのとき心に描いた生き方のテーマは〝自由人として生きる〟ということだった。

文筆家として活動していきたかったが、世の中で文章を書いて生きていくということは、生易しいことではなかった。

いつのまにか一緒に会社を辞めた人たちが、まるで何かに吸い込まれるように、次々と再就職の道を進んでいった。

結局、独りポツンと取り残される形になった私は、仲間の動きに触発され、もう一度〝労使関係〟の道を歩むことになった。

そのとき思ったことは、同じ労使関係でも、子どもの頃から〝やってみたい〟と思っていたことをやるということだった。

私は、大学の教員になる道を目指した。

希望というのは、ともかく実行に移してみるべきである。いまから考えてみると、当時は民間の活力を注入したいという大学がたくさんあって、私はすぐに広島国際学院大学の助教授（当時の名称）として採用された。

このとき受験生（学生）として受験していたら、筆記試験で不合格になっていたかもしれない。しかし教員としてなら、話は別だった。

かくして2004年。私は大学教員になった。そしてその後、私の目の前で次々と思いもよらないことが展開していくことになる。

「人生は邂逅なり」という。ガッツ石松、川島なお美との出会いは、そのときの流れを起点にしている。

厳しい大学経営

いまでもその流れに大きな変化はないと思われるが、全国の大学経営はマジ厳しい。いったいなぜ、そんなに厳しくなったのだろうか？

その理由は、日本の人口統計の推移を見れば、一目瞭然である。ちょうど私が教壇に立った頃の状況を見てみよう。

2005年の18歳人口は、約137万人だった。ところが10年後の2014年には、これが約119万人にまで落ち込んだ。

つまり高校から大学に進学する人口が、たったの10年間で18万人も減少したのである。これを単純計算してみると、定員1000名の大学なら、180校がいらないということになる。

現に、いま全国にある587校の私立大学（2019年時点）のうち、194校（約33％）が、定員割れに追い込まれている。

私立大学の場合は、ごく一部を除き、公的な後ろ盾がないために、その収支が大学経営（存続）に直結することになる。

私が再就職した広島国際学院大学も、そういう大学の一つだった。

ちなみに広島国際学院大学というのは、1927年に伝説の鶴虎太郎（後述）が創設した広島高等予備校を起点にしている。

その後、1967年に「広島電機大学」として開校した由緒も伝統もある四年制大学である。

1999年には「広島国際学院大学」と名称を変更し、そのとき現代社会学部（上瀬野キャンパス）が創設された。

多彩な活動で知られる茶道部などもあるが、体育会系のクラブは全国レベルのものが多い。

硬式野球部は、春季と秋季の広島六大学野球で常に上位を争い、2005年には全国大会に出場した。

他にも、近年で全国大会に出場したのが、2017〜19年（3年連続）のアーチェリー部、2019年のソフトボール部、2006年のバスケットボール部など。なかでも2005年には軟式野球部、2018年には自動車部が全国優勝を果たしている。

卒業生（出身者）の有名人としては、広島電機大学時代の川西幸一を含むユニコーンのメンバーたちがいる。

彼らは、出身大学の名前を前面に出した「電大《でんだい》」というグループ名のバンドを結成し、アルバムなどを出した。

また広島電機大学時代に山口和男（オリックス）、広島国際学院大学時代に隠善智也（巨人）、宮崎敦次（ロッテ）と、3人のプロ野球選手を輩出した。

なかでもオリックスにドラフト1位で入団した山口は、一時「日本で最速の球を投げる投手」として注目を集め、オールスター戦にも出場した。

大学の常識を覆す

大学に赴任して、2年目に入った初夏のことだった。助教授だった私は、学長から呼び出され、こう告げられた。

「10月1日付けで、教授に昇進してもらいたい」

一般的に言えば、組織内で昇任するということは、大変喜ばしいことである。しかし私はそのとき、何かそうではない微妙な空気を感じた。

これから先、重い〝十字架〟を背負うことになるのではないか。そういう一抹の不安を予知したからである。

その微妙な空気のため、あまり嬉しくなかったのである。しかし私は仕方なく、淡々と指示された手続を進めた。

あとで聞けば、秋に昇任人事が行われたのは、本学では、はじめてのことだったという。しばらくしてから、理事長と学長の意図が読めた。

その後、適性や能力などを審査する学部長選考会議や理事会などを経由し、コトが一つの方向に流れていった。

私は、翌年（2007年）から、現代社会学部の学部長に就くよう指示された。その規則を読んでみると、確かにこう書いてある。

「学部長は、教授のなかから選任する」

つまり助教授（のちに准教授に改称）では、学部長になる資格がなかったのである。かくして私は、自らの意思に反し、全く予期していなかった道を歩むことになった。


しばらく考える時間はあった。

そのとき思ったのは、学部長という役職に就きながら、何もコトを興さないというのは自分の性分に合わないということだった。

ともかく、良かれと思い付いたことは何でもやる。最初の教授会で次のようなことを力説したのを覚えている。

㈠教員一人ひとりが、これまでの常識を超え、自分の殻を破る。

㈡県下で最も魅力ある学部（大学）にする。

㈢私たちの活動の数値的評価＝2年後の入学者数
こんな話をしたものの、教授会メンバー(教授＋准教授）のほとんどが、無反応だったことを覚えている。

「今度の学部長は、いったい何を考えているのか？」

明らかに、そういう雰囲気だった。もはや言葉だけでは通用しない。

大学に限らず、世の中というのは、何かド肝を抜くようなことをやらない限り、誰も意に介してくれないのである。

〝大学改革〟と言えば聞こえはいいが、私は〝大学の常識を覆す〟ことからはじめた。その数々の施策のなかの一つが、社会で活躍しているユニークな人材を客員教授として迎えることだった。

私はマツダ時代の人脈（大手広告会社の役員）を辿って、こういう話を受けてくれそうな候補者48人のリストを作ってもらった。

そして、学生たちの〝道標〟になってくれそうな人を12人に絞り込んだ。そのなかから、男性1名、女性1名を選ぶ。

私は自分の講義のなかで、学生たちにアンケート調査を実施してみた。

「あなたは、どの先生の講義を聴いてみたいですか？」

すると男性については、圧倒的な結果が出た。そのダントツ1位が、ガッツ石松だったのである。

一方、女性の方は大接戦になった。しかし、ほんの2票くらいの差で川島なお美が1位になった。

教授会の承認を得て、2人に会うために上京したのは、その2週間後のことだった。

「おもしろ人生ゼミナール」

2人の客員教授就任（任期2年間）は、教授会や理事会でも承認され、着々と準備が進められた。

現代社会学部（上瀬野キャンパス）の3階に、2人の研究室が設けられた。私の研究室の左隣が川島先生、2つ右隣がガッツ先生の研究室になった。

関係する先生方が協議した結果、2人が担当する講座名は「社会学合同演習おもしろ人生ゼミナール」に決まった。

言うまでもないことだが、その講座は、文科省があらかじめ定めた基準に合致していなければならない。それが国の定める学士認定の単位に組み込まれるからである。

私たちが採用した考え方は、次のようなものだった。

まず3年生になると全員が、必須科目として、社会学の専門分野の先生方の社会学演習（ゼミナール）を受講しなければならない。

この単位を取得しないと、卒業要件を満たさないことになり、学士の資格が得られないからである。

この社会学演習の一部を全ゼミナール合同で実施する。その演習（講義）を2人の客員教授に担当してもらう、という仕組みである。

この講義の前後においては、各ゼミナールで事前学習を行い、多彩な経験から語られる2人の先生の「人生訓」を学び取り、将来のキャリア設計に活かしていくということを目標にした。

瞑想するガッツ先生

2008年5月21日。ガッツ先生の最初の講義の日がやってきた。私は、彼の到着を玄関先で待っていた。

2回目の対面なので、もうすっかりリラックスし、親しみのある振る舞いを予想していた。言ってみれば、いつもテレビ画面で見ているあの自由闊達な姿である。

ところが私の予想は全く外れた。と言うか、私の心のなかに一瞬の、ある戸惑いが生じた。

クルマから降りてきたときの彼の表情は、少しこわばっているように見えた。握手した手も堅い。つまり、相当に緊張しているのである。

誰が用意したのか、彼の控室にはバナナが飾られていた。そして次々と訪れる人が名刺を差し出す。

しばらくしてから、彼がこう言った。

「しばらく別室で瞑想したいのだが……」

私は、彼の口から〝瞑想〟という言葉が飛び出したことについて、少々驚いた。そして、すぐに別室に案内した。

彼は、その部屋で本当に瞑想していたのかもしれない。ただその後、私が別の用件で部屋を訪れたときの様子から、大体のことが読めた。

彼は、自らメモしたと思われる紙を見ながら、人知れず講義のリハーサルをしていたのである。

プロとは何なのか？　前章で紹介した彼の映画やドラマの役柄に対する姿勢を思い起こしてみてほしい。

彼は、決して現場に台本を持ち込まなかった。彼は、それと同じ姿勢を大学の講義でも貫こうとしていた。


この日は30分の講義と、学生3人をステージに上げてのパネルディスカッション、全受講生を対象にしたQ＆A（60分）で構成されていた。できるだけ学生との直のやりとりを多くしたかったからである。

以下は、そのときガッツ先生が発した言葉の一部である。

「目標を見つけて志を立てたとき、はじめて人生という学問がスタートする」

「成功よりも、失敗から学ぶことの方が多い」

「辛いときには、一歩前に出ること。〝辛い〟という文字の上に、一本のヨコ線が引かれるだけで〝幸せ〟という文字に変わる」

いつも静かなキャンパスが、その日だけは、どこか華やかなお祭りのような雰囲気に包まれた。

その日、取材にやって来たメディアの数もすごかった。

記録に残っているだけでも、読売新聞、中国新聞、スポーツニッポン新聞（大阪）、日刊スポーツ新聞（東京）、フジテレビ（東京）、RCC中国放送、広島テレビ、青志社（出版社）などがあった。

こうして、この計画は全国の人に知れ渡ることになった。

この日300人教室で行われた「おもしろ人生ゼミナール」は、その後、名講義として語り継がれるようになった。

家宝にしたい

その合同ゼミナールが終わったあと、各ゼミナールで学生たちにアンケート調査を実施した。先生方の評価は上々だったが、果たして、学生たちの評価はどうだったのだろうか？

自由記述の欄に、思い思いの感想が書き込まれた。それを読んで、私たち教員は安堵した。そして、ある種の感銘を受けた。

かつて、これほど生き生きとした素直な感想が書き込まれたことがあっただろうか。

全く予定になかったが、私たちは、その一部（20〜30人分）のコピーをガッツ先生に送ってあげることにした。

すると、そこからまた、思いもよらないドラマが生まれた。

おそらくガッツ先生にとっても、感じるものが多かったのではないかと思う。

彼は、大量にサイン色紙を買い込み、学生一人ひとりにメッセージを書いてくれたのである。

私のゼミ生の数人も、それを受け取った。そのとき驚いたのは、一人ひとりの名前が丁寧に書き込まれ、しかもメッセージ内容がそれぞれ違っていたことだった。

彼は、感想文の内容に応じ、一人ひとりメッセージ内容を変えていたのである。

つまり、世界に一枚しかない色紙である。

あるゼミ生がこう言った。

「これはボクの家宝にしたい」

いま思うに、そのゼミ生が人生の困難に直面したとき、このメッセージを思い出してくれるなら、これを企画した教員冥利に尽きる。


さらに思うことがあった。果たして、本当の大学教育というのはどういうことを目指しているのだろうか。

論理的なこと。科学的なこと。知識的なこと。社会的なこと。一律に学ぶのは、高校までにかなりできる。

本当の大学教育というのは、一律ではなく、個々であるべきなのではないか。

つまり学生たちを一律に一定レベルに引き上げるのではなく、個々のレベルから個別に引き上げることである。

そういうやり方は、人間同士が誠意をもってフツーに付き合っていたら、自然に生まれてくるものである。

大学では良いことは良いこと、悪いことは悪いことと素直に感じる力を養い、社会に役立つ人間を個別に育て上げることである。

もちろん文系と理系では、その目標の比率が異なると思われるが、本質のところ（レベルの多様化）は同じではないかと思う。

私のこの持論（信念）は、ガッツ先生の色紙スタイルに通じるものがあった。ガッツ先生は、そのことを実践して見せてくれたのである。

これを現実の制度に当てはめて考えてみると、大変分かりやすい。

例えば、一定の基準を作って、一斉に入学試験を行うというのは、どこかおかしいところがある。

これは人口増加を背景にして、大量の学生が入学し、マス教育を受け、大量に社会に排出されていった時代の遺物なのではないか。

このような状況下では、どうしても大学の成績と、それを活用して社会で活躍することについての相関性が認められにくい。

このところ大学の成績を無視し、クラブ活動の実績などを評価基準にして学生の採用を検討する企業も多くなった。

ご存知だろうか。大学には、元来からＡＯ（Admissions Office）推薦入試制度というものがある。

これは高校側（生徒含む）が、大学の教育方針に賛同し、一般入試を行わず、高校側からそこに見合う生徒を推薦するというやり方である。

その主旨は、学力以外の要素を加え、総合判断で合否を決定するということである。こうすれば、学力以外の要素をどのくらい評価するかによって、大学の特色が出てくる。

日本の最高学府として位置づけられる大学には、この選抜方式が一番似合っているのではないかと思う。

現に、欧米では、これに類似した入試制度を採用している大学（国）が多い。

これらの大学では、入学するのは易しいが、卒業するのが難しい。

個性を伸ばす

私の体験談である。

ある日のこと。授業のために教室に行ったら、学生が一人もいなかった。ひょっとしたら、私が曜日を間違えているのかもしれない。あるいは、学生たちが〝ドッキリ〟を仕掛けているのではないか。

さまざまな思いを巡らせていたら、一人の学生が息を切らして教室に駆け込んできた。その学生はこう言った。

「先生、前の授業が長引いています！」

その学生は、私が困り果ててはいけないと思い、一人だけ前の授業を抜け出し、そのことを伝えにきてくれたのである。

当時、試験の成績は別にして、モノゴトを感じ取る力や感性的なアプローチに優れた学生がたくさんいた。

一人で前の授業を抜け出し、その状況を伝えにきてくれた学生も、その一人だった。つまり、ちょっと書きにくいが、成績は「オールC」に近かった。

いまでも思う。たとえそうであったとしても、こういう人物がいたら、社会というのは本当に助かる。全体がよく見えているというか、人の気持ちをよく理解している。

つまり人間というのは、A＝優秀　B＝普通　C＝劣る……といったような評価をしてはいけないのである。

人間として、一番大切なのは、その人の持って生まれた個性である。

特に、いまの日本社会では、画一的な人間よりも、個性的な人間の方が多く求められている。

この際、教育者として肝に銘じておくべきことがある。それは「人間には、みな社会に役立つ個性がある」ということである。

この世には一人として、役に立たない人間はいない。思考や能力もバラバラで、むしろ差があって当然なのである。

大切なのは、そういう人たちをひと括りにして画一的な教育を行わないこと。つまり一人ひとりが自分の設定した目標に、少しでも近づいてくれれば、それでよいのである。

教育というのは、元来、そういうものでなければならない。

その後、ガッツ先生から「学生たちと一緒に、学生食堂で昼食をとりたい」という申し入れがあった。

そのときは私も参加させてもらい、学生たちと席を並べた。ガッツ先生は他愛ない話も含め、学生たちの質問に丁寧に答えていた。

キャンパス内を歩いていても、たいていの学生が声をかけてくる。その都度、彼は立ち止まって話をした。

私は、その姿勢に大いに刺激を受けた。かつての人気テレビドラマ〝金八先生〟ではないが、こういう姿勢が、本当の教育だと思ったからである。

言ってみれば、〝全人格的教育〟ということになるかもしれない。この際、お互いに人格をさらけ出すことが大切である。

このことについては、第８章で本学の創立者・鶴虎太郎の話を紹介しながら、より深く掘り下げて考えてみたい。

私たちは、２年目のテーマを「おもしろ人生ゼミナール」から「プロの仕事論」に進化させた。

一流のプロとしての考え方や体験を、本人の口から直に学ぶことにしたのである。

3 分間の長さ

２００９年７月８日。ガッツ先生の特別ゼミナールが、なんと広島市内にあるボクシングジムのリング上で行われた（写真）。

彼はリング上で、学生たちにこう語りかけた。

「プロというのは、一つのことに命をかけること。そして、人の見ていないところで努力すること」

このガッツ先生の講義のなかで、いまでも忘れられない教え方があった。それ

リング上で学生に講義する

は「3分間のボクシング体験」だった。

ボクサーにとって3分間（1ラウンド）というのは、いったいどんな時間なのだろうか。学生たちは、それをリング上で体験することになった。

以下に、ガッツ先生の授業を再現してみる。

まずガッツ先生の合図に従って、リング上で軽いシャドウボクシングをはじめる。つまり軽く体を動かしながら、自分の勘だけで時間を計る。ボクサーにとって、体内時計以外に頼るものがないからである。

私もリング外で、これを体感してみた。

タイマーを手にしているのは、ガッツ先

生だけ。3分間が経過したと思われる時点で、それぞれ手を挙げることにしていた。

最初の学生が手を挙げたとき、ガッツ先生の声が飛ぶ。

「はい、25秒！」

その学生は、25秒経過時点で、3分間が経過したと思ったのである。

その後、次々と学生から手が挙がった。しかし、そのほとんどが1分前後だった。一番長かった学生でも1分40秒くらいだったと思う。

私たちは、リング上で3分間という長さを体感し、はじめて大切なことに気が付いた。

ボクサーにとって3分間というのは、とてつもなく長い。つまり、相手を倒すには十分な時間なのである。

人間は、モノゴトに集中すればするほど、神さまから、それに見合うだけの時間が与えられる。

時間というのは、絶対的ではなく、相対的な概念なのである。

本気で応える（全人格的教育）

人が人を教えるということは、本当に難しい。ひょっとしたら、教えているつもりが、教えられていることもある。

私は、当時、学部長を務めながら「マーケティング論A、B」「商品ブランド戦略」「国際ビジネス文化論」の講義と、各学年のゼミナールを担当していた。

いまそのシーンを思い起こすに、教室での講義シーンはあまり頭に浮かんでこない。思い出すのは、学生たちと議論した研究室でのやりとり。さらに研究室を飛び出しての学外授業である。

その一つ。マツダ株式会社の役員の話を聴きに行ったときのことだった。一人だけ遅刻してきたゼミ生がいた。話はたったそれだけだが、その学生は、卒業するまでそのことを詫び続けた。

「先生、あのときは本当にすみませんでした」

そのことは、彼の卒業メッセージの一部にも書かれていた。

よろしい。その姿勢があれば、社会に出ても失敗することは少ない。失敗は、学生のうちにたくさんしておく方がよいのである。

以下は、私の独断的な見方である。

いまの日本社会は、主に国・公立大学を優秀な成績で卒業した人たちが、その骨格を形成している。それはそれで良いことだと思う。

一方で、本当に社会を動かしているのは、全国に点在している私立大学を卒業した人たちではなかろうか。

その大学の多くが東京や大阪及びその周辺に集中しているが、特に面白いと感じるのは、地方にある私立大学の卒業生たちである。

彼らには、特に成績優秀というイメージはないが、何かやってくれそうな逞しい雰囲気がある。

彼らは、ひょっとしたら、心のどこかでエリート層に対して反骨精神を持っているのかもしれない。あるいは本当に、エリート層よりも、ある意味（分野）で優れたものをたくさん持っている可能性もある。

私は、彼らとの付き合いのなかで、そういう思いを強くした。

そのせいもあったと思うが、私は学生の質問に答えられないとき、1週間の猶予をもらって本気で勉強していた。

宿題というのは、フツー先生が学生に課すものだが、我がゼミナールでは、その逆の方が多かった。

与えられた1週間で、学生が知りたい本質のところを徹底的に調査・研究し、次のゼミナールで納得のいくまで応えるようにする。

私はいつのまにか、ゼミ生の間でこう言われるようになった。

「教えて、イケガミ先生！」

お分かりだと思う。当時、NHK出身の池上彰が、諸問題を分かりやすく解説することによって、池上ブームを作り出していたからである。

もちろん彼らの〝おちょくり〟は十分に分かっていた。しかし私は、それに乗ったふりをして、数々の難題に挑戦させてもらった。

卒業式のあとのパーティーで、ゼミ生の一人がこう言った。

「先生、卒業してもメールでゼミを続けることはできませんか？」

たとえリップサービスであったとしても、この言葉は本当に嬉しかった。どんなステージであっても、人と人の付き合いは、本気でなければならない。その人間関係によってのみ、良い教育環境が作り出されると思うからである。

覚えておこう。教育活動における主役は、先生ではない。それは間違いなく、学生（生徒）たちである。

〝人が人を教える〟ということの本質を考えてみたとき、教育というのは、全人格的でなければならない。

口先、小手先の教育というのは、ありえないのである。

第4章　川島なお美の教え

恋愛論を講義する

2015年9月25日。

私は、いつものゴルフ場へクルマを走らせていた。突然、カーラジオから信じられないフレーズが流れてきた。

「昨夜、女優の川島なお美さんが亡くなられました」

どう考えても信じられない。

私はゴルフ場に着いてから、仲間にニュースの真偽を確かめてみた。しかしスマホ（ネット）情報でも、そのニュースに変わりはなかった。

なぜにわかには、そのニュースが信じられなかったのか。私は、そのわずか2カ月前まで、彼女とやりとりをしていたからである。

凄まじいエネルギーを発しながら、わずか54年の生涯を閉じた一人の女優の生きざまを顧みるに、それはあまりにもあっけなかった。

まるで同じドラマのなかに身を置いたようなその驚きは、単に、川島なお美（本名）と同じ大学で働いていたからではない。

それはおそらく、彼女から学んだ数々の教え、いや、そういうことよりも彼女の生きざまを目の当たりにした、ある種の衝撃からくるものではなかったかと思う。


1960年11月10日。彼女は、愛知県に生まれた。

少しだけ複雑な家庭の事情を抱えていたが、順調に県立中村高校から、青山学院大学に進学した。在学中にラジオDJとしてデビュー。そして当時、女子大生タレントの先駆けになった。

その後、TV番組「お笑いマンガ道場」(日本テレビ系)で、自身が描く可愛らしい漫画や多彩なトークで一躍注目を集めるようになった。

女優としては、ゆうに100以上の役柄をこなし、出演作にドラマ「イグアナの娘」「失楽園」「エゴイスト」、映画「鍵」などがある。

1998年にはゴールデンアロー賞放送賞を受賞。ワインで名誉ソムリエに就任するなど、数々の騎士号も叙任した。

そして2008年。広島国際学院大学の客員教授になった。

女優のように生きる

女優が、女優のように生きる。

当たり前のように聞こえるかもしれないが、実はそうではないようなところもある。一人の人間が、別の人格を演じきる。それが、女優という職業だからである。

私は、彼女に出会ってから、いっそうそういう感覚を強く持つようになった。人はみな、夢や希望を持って生きている。それは〝こういう風に生きたい〟という儚い願望と言ってもいいかもしれない。ただ現実の社会において、それを実行し、実現するのは大変難しい。

川島なお美という人物は、自分の夢に寸分の疑いも持たず、ひたすらそれを実行し、ことごとく実現した人物として理解すると分かりやすい。

言ってみれば、現実社会を自分の舞台として捉え、そこで演じる脚本を書き、そして自分で演じ、一つひとつのストーリーを完結させていくという生き方である。つまり彼女にとって、女性はみな女優、男性はみな男優なのである。

そう考えてみると、生きていくのは大変楽しい。

もちろん目の前に障害があれば、それを全力で排除する。自分の舞台を作らなければ、何も演じられないからである。

彼女の1年目の「おもしろ人生ゼミナール」のテーマは、恋愛論だった。

この分野では、他に「恋愛心理学」を研究している専門家がおられたので、その先生とW講義を実施することになった。

ただはっきり言って、実践論に近い川島先生の話の方が、圧倒的に面白かった。

彼女はのち（２００９年）に、そのときの話を含む持論を『熟婚のすすめ』（扶桑社）として著している。

女性でも男性でも、その本の小見出しを読んだだけで、興味がそそられる。以下は、その一例である。
・女の人生には四季がある ～季節ごとの恋のあり方
・出会いをイモづる式に呼び寄せる魔法＝お礼状のすすめ

・オトコ心をくすぐる、なお美流・小さな贈りもの
・オトコの嫉妬との上手なつき合い方
・失敗から見えてくる、オトコの本質、オンナの度量

どの話も、具体的、知的、そして刺激的だった。と言うか、時々話が論理を超越し、感覚的でストレートなので無条件に面白いのである。

さらに言えば「こんなに女の手の内を教えてもらってもいいの?」といったような素朴な感覚もあった。

さらに私たちが驚いたのは、自ら結婚シナリオを描いて実演し、その話を授業のなかに取り入れたことだった。

彼女は、心がときめいた鎧塚俊彦(当時43歳)との出会い、交際、そしてプロポーズの方法などを、学生たちに詳細に話してくれた。

ご存知の方も多いと思うが、鎧塚俊彦は、日本を代表する京都府出身の有名なパティシエである。若い頃に西洋の製菓を学ぶためスイス、ベルギー、フラ

ンスなどで修業を重ね、日本で開業した。当時、すでに東京・恵比寿などにある「Toshi Yoroizuka」のオーナーシェフだった。

2人の出会いは、出演したあるテレビ番組だった。川島なお美の話によると、その後のストーリーの流れは、概ね、彼女の自作によるものである。

この一連の話は、女性にとって参考になる。そしてその一方で、男性にとっては、もっと参考になる。

おおよそ世の中の男女関係というのは、このようにして創られていくのだろう。

願えば、叶う

2009年6月3日。12時30分。

イタリア・トスカーナ地方にあるサン・カルロ教会。澄んだ青空の下で、川島なお美と鎧塚俊彦は、映画のシーンのような結婚式を挙げた。

彼女は、自著のなかでこう綴っている。

「なんだか夢のなかにいるようで、感動のあまり涙ぽろぽろ。(中略)旦那が、

イタリア サン・カルロ教会にて挙式

ずっと支えていてくれました」

願えば、叶う。これは、川島なお美自身が「もし、夢のような結婚式を挙げるとすれば……」と思って描いたシナリオだった。

おそらくどんな映画のシーンよりも、夢と現実の境目が分かりにくい幻想的なものだったに違いない（写真）。

「先生、披露宴には必ず出席してくださいね」

実のところ、私自身が、このシナリオのなかに登場してくることになるなど、はじめは全く想像していなかった。

「どうしても旦那（鎧塚俊彦）に紹介したいので……」

その言葉が決め手になって、私は、二人の結婚披露宴に出席することになった。

披露宴の会場は、六本木にある高級ホテル・グランドハイアット東京。

偶然のことだが、私がはじめてガッツ石松、川島なお美と個別に対面したときと同じホテルだった。

同年6月22日（披露宴前日）。私は家内と一緒に、広島空港に向かった。

「お客さん、このチケットは昨日のものですが……」

その言葉を耳にするまで、私はあろうことか、披露宴と前泊日程を誤って認識していた。つまり私の単純ミスによって、2名分の片道航空運賃（約5万円）を無駄にしてしまったのである。

ただ帰路分については、幸いにしてチケットの日程変更によって、事なきを得た。

話が、私の凡ミスに脱線してしまったが、そのとき私が一番困っていたのは、招待状に書かれた「ドレスコード＝Sweets & Wine」の解釈だった。

Sweets＝鎧塚俊彦、Wine＝川島なお美を指していることはよく分かっていたが、さて、これを服装のなかで、どう表現したらいいのかということである。

私は、東京に着いてから、複数の雑貨・用品店を〝はしご〟しながら、それらしきものを探した。幸いにして、ぶどうの実をイメージしたクリスタル風の丸いピンが見つかったので、それを襟元に刺すことにした。

ただ実際の会場で目にしたのは、ぶどうの房の形をした大きな被り物、ワインボトルの形をしたピン、紫のスーツ……。さすがに芸能人を中心にした集まりだった。

テレビ中継された披露宴

昔から「名古屋人の披露宴はド派手」という話を耳にしていた。

私も、この日、ド肝を抜かれた。披露宴への出席者は、芸能人、経済人を中心にして500名を超えていた。

会場の遠くは、かすんで見えない。司会の徳光和夫さんの声が、どこから聞こえてくるのか分からなかった。

さらにこのとき驚いたのは、17時からはじまった披露宴の一部始終が、全国ネットのテレビ番組（日本テレビ系）でナマ中継されたことだった。

つまり、当時の「NNNニュース リアルタイム」（16時53分～19時）と「火曜サプライズ」（19時～19時56分）の2つの番組を3時間ぶち抜いて、ナマ放送されたのである。

あとで映像チェックしてみると、2人のケーキ入刀のとき、私が大勢の人たちに交じって、カメラを構えているシーンが画面の片隅に映っていた。

「先生、盛り上げてくださいネ」

あのときは、彼女のリクエストに従っただけの話である。つまり実際にシャッターを切ったのかどうかは、よく覚えていない。

この披露宴で、世間の話題を集めたのは、一品ずつ解説ナレーション付きで出された見栄えのよい料理の数々だった。

その謳い文句は「宇宙イチ美味しいメニュー」。

それは前菜の片岡護からはじまり、坂井宏行、菰田欣也、落合務、三國清三、ジョセフ・ブデ、門脇俊哉へとつながれ、最後にデザートの鎧塚俊彦で締めるという和洋中の超豪華・料理リレーだった。

私は、その豪華料理の一つずつをカメラに収めようと試みた。しかし、ちょうどそのときカメラの電池切れの赤いランプが点滅しはじめた。

まあ、いいか。その味は、舌に覚えさせればよい。そのときはそう思ったが、いまではすっかり記憶の彼方になった。

宴会は、21時を回っても終わらなかった。私が心配しはじめたのは、21時30分からはじまる予定の二次会（別会場）のことだった。

その招待状は、私にも届いていた。しかしパーティが深夜に及び、高齢の身には負担が大きいだろうと考えたこと。さらに、出席者の多くが若手の芸能人だろうと考えたこと。そんな理由で、申し訳ないとは思ったが、私はあらかじめ欠席の返信をしていた。

時計の針が22時を回ってから、ようやく徳光さんがお開きを宣言した。会場出口で新郎・新婦が並び、出席者の見送りがはじまった。

500人の見送りは大変そうに見えた。しかし10分くらいで、私の順番になった。そのときの川島なお美の対応である。

私の顔を見た瞬間に、彼女は、友人との談笑で2、3メートル離れていた新郎（鎧塚俊彦）の腕を引っ張って、私の前に連れてきた。

「大学の迫先生です！」

すぐに、この意図が読めた。

実は、川島なお美が大学の教授であることは、日常生活のなかでは、まるで現実感がない。唯一、実体として私を紹介することによって、新郎にその実感を得てもらえたのである。私は、すぐに計算された彼女の意図を感じた。

「大学では、いつも川島先生に助けてもらっています」

新郎は、嬉しそうに私の手を何度も握り返した。

あとで聞いた話だが、23時頃からはじまった二次会は、延々と翌朝4時頃まで続いたという。

本当に二次会に参加しなくてよかった。もちろん新郎、新婦のどちらかが、疲労のために倒れたという話は聞いていない。

プロの仕事論

2人の客員教授の2年目のテーマは「プロの仕事論」。

前章では、ガッツ先生のリング上での実演（講義）を紹介したが、川島先生の講義は、300人教室が満席になるほどの盛況ぶりだった。

おそらくあらかじめ登録した学生の他に、かなりの部外者が混じっていたのではないかと思われる。

彼女の話は、私も教室の後ろの席で聴かせてもらった。その一つの話が、心に強く響いた。それは、ロケバス事故の話だった。

1989年。東京の明治座で舞台公演されていた「水戸黄門」のフィルム撮影のときだった。彼女が乗ったロケバスが、道路脇の崖下に転落するという大事故が起きた。

彼女は、頚椎を骨折する大ケガを負った。そのとき彼女は、とっさに女優の生命線ともいえる顔を必死にかばったという。そのため、車内で手にしていたトマトスムージーが、顔全体にくっついてしまった。

悲惨な現場の状況からして、当然、メディアはこう報道した。

「川島なお美、顔に大ケガ！」

顔についたスムージーが、まるで血のように見えたからだと思われる。ところが骨折はしたものの、顔は無キズで、その後の女優活動に支障は出なかった。

その話のあとのQ＆A。学生がこう質問した。

「プロとして一番大切なことは何ですか？」

すると、彼女の口から意外な言葉が飛び出した。

「一流のプロとは、風邪をひかないことです」

彼女は、こう続けた。

「だって、川島なお美は一人しかいないんですから」

このとっさの回答は、私の胸にグサリと突き刺さった。そしてその後、私の教訓になった。

当時、私は、地元テレビ局の夕方の番組でコメンテーター（週一回）を務めていた。そのときまで私は、イザというときには他の人に代わってもらえばいいと安易に考えていた。実際に、そういうことが一度だけあった。

しかし彼女の話を聴いたあとで、私は、そういう甘い考えを捨てた。この話は、第8章で書く「学長選挙」の話にも繋がっていく。

あれから14年。私はいまでもオファーがあれば、無欠でTVコメンテーターを続けている。

この際、「プロの仕事論」における川島先生の言葉を3つだけ紹介しておきたい。


——私の仕事は役になりきることではなく、役を生きることです。

——失敗して挫折しても、努力し続ければ、失敗は体験（成功）に変わる。

——言い訳を並べている暇があれば、どんどん動きなさい。

ミュージカルに生きる

ある日のこと。私の研究室のとなり部屋から、場違いな女性の歌声が聞こえてきた。てっきり、元気のいい女子学生のいたずら（奇声）かと思った。

ところが、その歌声は天から降り注ぐように滑らかで、建物の隅々まで響き渡るものだった。耳を澄ませて聴いてみると、それは川島先生の声だった。

当時、彼女の主な仕事は、舞台ミュージカル。彼女は寸暇を惜しみ、研究室でその練習をしていたのである。

「すごい！」

私はかつて、ＴＶ番組ロケで劇団四季が上演した「キャッツ」の舞台ウラを取材したことがある。

その練習場でのこと。周囲（館内）に響き渡った「メモリー」の歌声は、いまでも頭から離れない。実は、そのときと同じ感覚を味わったのである。

ミュージカル歌手がステージ上ではなく、練習場でリラックスして歌うときの歌声は、聴き応えが全く違う。

歌の心が伝わるというのか、ド迫力があるのだ。

ちょうどその頃、彼女が出演していたのは、下條アトム、吉田羊らと共演していた「とんでもない女」(東京・両国シアターX)だった。

同年(2009年)。彼女は、名古屋、東京、札幌、大阪で公演された「フットルース」にも出演し、川崎麻世、麻倉未稀、伊藤咲子らと共演した。

そのため大学の研究室さえ、彼女の練習場になった。

舞台に命を捧げる

私は、元来ミュージカルが嫌いではない。

ニューヨークに出張したとき、ブロードウェイをハシゴしたこともあった。またロンドンでは、家族で米ミュージカルの名作「サンセット大通り」を観に行ったことがある。

しかしその出演者から、直接ご招待を受けたのは、川島先生がはじめてだった。

この際、断わっておくが、招待と言っても、チケット代はこちらが払う。それが礼儀だと思うからである。

彼女は、大学の任期が終了したあとも、ずっと私に招待状を送り続けてくれた。そこには、必ず短い手書きメモが添えられている。

「先生、観に来てくださいね！」

ただ正直に言って、全国各地で開催される公演にその都度、出向くのはムリだった。

2010年10月。「FAME《フェーム》」が広島で上演されることになった。共演者に前田美波里、渡辺直美らの名前があった。

私はあらかじめチケット2枚を購入し、家内を誘って広島市文化交流会館へ足を運んだ。

その際、あらかじめ本人（川島先生）から連絡が入っていたのだと思われるが、受付で不思議な質問を受けた。

「迫先生ですね。公演が終わったら、楽屋へお越しになりますか？」

私はそのとき、そのことの意味がよく理解できなかった。

「いいえ、公演が終わったら、失礼させていただきます」

私はこのとき、本人に「良かったですよ」の一言くらいは掛けて、労をねぎらいたかった。しかし公演後の疲れているときに、迷惑になるだろうと思っていたのである。

あとで聞いた話だが、公演のときに出演者から招待を受けたときには、楽屋に花束を持っていくのが礼儀だという。

オー、ノー。それは知らなかった。私は、そのときのことをいまでも烈しく後悔している。

なぜそんなに後悔しているのか。それは、花束を渡しそこなったからではない。そのときが、川島なお美との今生の別れになることを知らなかったからである。

その後、川島なお美とナマで会話を交わす機会は訪れなかった。

ただその後も、彼女とのメモのやりとりは続いた。

あのときの汚名を晴らすため、2012年のミュージカル「TOGETHER」「重力」のいずれかを観に行きたかった。しかし、どうしても広島以外のところへ足を運ぶ余裕がなかった。

その頃、一つだけ気になりはじめたことがあった。それは毎回、彼女から送られてくるミュージカルのパンフレットの写真だった。

それは、いまでも私の手元に残っている。正直に言って「重力」のパンフレットに掲載された彼女の写真を見るのはつらい。

顔がげっそりと痩せ、体も極端に細くなっている。

それでも私は、その3年後にやってくるドラマのような悲劇の結末を予想することはできなかった。

川島先生が逝く

彼女は、その後も、迫りくる病魔と闘いながら芸能活動を続けていた。

そのゲキ痩せ姿が、週刊誌の憶測記事になり、世間のよもやま話になったこともあった。

2013年8月。ついに健康診断で胆管内に腫瘍が見つかった。医者から即手術を勧められたが、彼女はこれを拒否した。

手術によって、仕事に穴を空けるのがイヤだったからである。彼女が大学で講義した〝川島なお美は一人しかいない〟の言葉を思い出す。

それでも、やがてその時期はやってきた。

「この人なら命を預けてもいい……」

そういう医師に出会ったのは、翌年（2014年）1月のことだった。5カ月前に見つかった腫瘍は、やはり胆管がんと診断された。

いまから考えてみると、結局、この5カ月間に、がんの進行が拡大したことが命とりになったのではないかと思われる。

同年1月末に受けた手術は12時間に及んだ。手術は一応成功したものの、術後の5年生存率は40〜50％だったという。

さらにこのとき夫（鎧塚俊彦）と交わした約束が、世に女優・川島なお美の生きざまを強く印象づけることになった。

「たとえ余命宣告があったとしても、私には伝えないでほしい」

おそらく彼女は、残された人生を一日、一日全力で生ききる覚悟をしたのだと思う。

その種の覚悟は、大学の講義のなかでも、プライベートの会話のなかでも度々語られていた。

2015年7月のことだった。がんの再発が確認され、ついに夫の鎧塚俊彦に対し〝余命1年未満〟が宣告された。

もう彼女の分身になっていた鎧塚俊彦は、悩んだ末に、彼女との約束を貫き通すことを決意した。

もちろん医師からは、化学療法やガンが転移した患部の切除を勧められていた。しかしそうすれば、ファンから期待されるような仕事はもうできない。彼女は、民間療法のみを続けることを選択した。

そのとき彼女は、ミュージカル「パルレ～洗濯～」に出演中だった。しかし次第に、舞台に立つのがやっと、という状況になった。

9月17日。彼女が、ようやく「パルレ〜洗濯〜」の降板に同意する。もちろんその後の「クリスマス・キャロル」(11、12月公演)の降板も決まった。

それでも彼女は、諦めなかった。彼女は、同年11月5日に予定していたソロライブに復帰するため懸命にリハビリ(自宅療養)を続けていた。

しかし舞台降板から、わずか7日後のこと。まるで炎が消えるように、彼女の体は衰弱の一途をたどった。

そして9月24日19時55分。彼女は、ついに天国に旅立った。

さらば、短き人生

翌朝(25日)。私はカーラジオで、その悲しい報せを聞いた。

通夜は10月1日。告別式は10月2日だった。いずれも青山葬儀所で行われることになった。

当時、学校法人の理事だった私は、理事長に弔電を送るようお願いした。そして自らその文面を起案させてもらった。

「川島なお美先生の突然の訃報に接し、ただ言葉を失っています。これまで教えて頂いた多くの卒業生、お世話になった教職員を代表し、心から哀悼の意を表します。　学校法人 広島国際学院 理事長」

これが精一杯の言葉だった。

その翌年（2016年）のこと。私はあるテレビ番組で、東京・麻布の賢崇寺に立派なお墓が建てられたことを知った。

広い墓地に濃い色の御影石。その一部にワイン「ロマネ・コンティ」や女優帽がかたどられ、下には「YOROIZUKA」の英文字、さらに愛犬だったダックスフントの絵が彫刻されている。

洒落た女優帽を斜めにかぶり、凛として建つお墓などは見たことがない。やっぱり川島なお美は〝世界に一人しかいない女優〟だった。

いま思う。彼女の教えと功績を短く、そして平たく語るならば次のようになるだろう。

「川島先生は、フッーの大学では絶対に教えてくれなかったことを分かりやすく、そして丁寧に教えてくれた。しかも全身全霊をかけて……。それは人としての生き方のお手本のようなものだった。さあいま生きている皆さん、世界に一つしかないあなたの人生を悔いなく生きていこうではありませんか」

川島なお美はわずか54年の生涯を、自由奔放に生きた薄幸の女優のように語られる。しかし、私はそうは思っていない。

「短く思う人生も、清く美しく生きていけば十分に長い」

さらにもう一つ。彼女は人として真っ当な生き方を貫いた、人間味あふれる天性からの教師だった。

繰り返すが、人生は長いとか短いとかの問題ではない。それはいかに生きたかという問題である。

私は、あなたの教えを生涯忘れない。いまでも私の書斎には、あなたとのツーショット写真が掲げてある。

第5章

この世はOK牧場

——言葉の力

２０２０年の自民党の総裁選。

幕が上がったと思ったら、すぐに結論が出た。その間、政治家の命であるはずの言葉による政策論争はほとんどなかった。

日本の国会は「記録は破棄された」「問題は解決済み」「指摘は当たらない」などという定番のやりとりに終始している。菅政権の異論排除の姿勢にも、問題を感じている人が多い。日本の政治は本当にこれでよいのだろうか。

本来、言葉には不思議な力がある。

その時々に、人を勇気づける言葉、人を和ませる言葉、人を哀しませる言葉、人を笑わせる言葉、何も感じさせない言葉（挨拶など）……。

そんな言葉と教育の話である。

人間万事　塞翁が馬

ガッツ先生から、よく手書きのハガキを頂戴する。

いつも最後に書いてあるのが、中国の故事ではないかと思われる短い文章である。

おそらくそれは、彼が時々に、生きていくための道標にしていた言葉だったのではないかと思う。

あるとき、彼は講義のネタとして「人間万事 塞翁が馬」という中国の故事を持ち出してきた。

「彼はいったいどんなことを学生に伝えたいのだろうか?」

私は、これを一番後ろの席で聴いていた。

この話は、中国の国境の辺塞に住む老翁が飼っていた馬の吉凶の話から、人生の浮き沈みを諭す有名な話であり、次のような意味になる。

「人生の吉凶禍福は、全く予測できないものである。禍も悲しむに当たらず、福も喜ぶに足りず」

2020年。新型コロナウイルスによる災難が全国に広がった。学校の休校が続き、多くの人たちが授業の遅れなどを嘆いた。

これを「人間万事 塞翁が馬」に当てはめて考えてみよう。

私はその頃、多少不謹慎だとは思ったが、こう考えていた。実のところ、コツコツと学校のカリキュラムをこなしていくよりも、人間とウイルスの関係を目の当りにすることの方が、けた外れに意味が大きい。

つまり、そのとき子どもたちは、これまで体験したことのない〝すごい勉強〟をしていたのである。これは、いくらお金を払っても体験できることではない。

やがて彼らが大人になったとき、コロナ禍による体験は、必ず吉に転換すると思う。つまり「禍はやがて吉となり、吉はやがて禍となる」のである。

人間というのは、悪いときに後ろ向きにならないことによって、大きく成長する。

それは、全ての人の人生を俯瞰したときの法則のようなものである。

運と努力

教育というのは「言葉と文字」「行動と実験」の組み合わせによって成り立っている。なかでも、言葉のもつ意義は大きい。

当時、ガッツ先生が、学生たちに繰り返し使っていた言葉がある。

「〝運〟は努力する人についてくる」

これは中国の故事に比べて、大変分かりやすい言葉だった。さりげない言葉に聞こえるが、意味は深い。

念のため、これを解説しておこう。

確かに長い人生のなかで、運がいいとか悪いとかを感じるときはある。しかし、ずっと運がいい人、ずっと運が悪い人はいない。人生を押しなべて考えてみると、みな平等なのである。

そういう意味で、この「運と努力」の話は、どこかで「塞翁が馬」の話に繋がっている。

もっと言えば、運がいいとか悪いとかは、相対的な概念である。同じ事象に遭遇しても、運がいいと感じる人もいるし、運が悪いと感じる人もいる。

そんななかで、絶え間なく頑張っている人、努力している人には、運がついてくる。つまり、努力する人が「長いスパンで見ると、失敗することはない」ということを言っているのである。

「人間、常に努力すること」が大切。決して、今日は努力したので、明日はさぼってもいいというようなものではない。

人間というのは、どれだけ運を味方につけることができるのかが勝負である。そのために欠かせないのが、日々の努力だといえる。

こうした人間のたゆまない努力の必要性に関しては、他にも少し角度を変えた、定番の言葉がある。

「継続は力なり」

「ローマは一日にして成らず」

そんなことは分かっている。その実例を示せ、という人もいるかもしれない。そういう人は、もう一度「塞翁が馬」……、いや、それよりも本書の第1章と第2章を読み返してみてほしい。

70年に及ぶガッツ石松の人生こそ、その格好のモデルだった。

ＯＫ牧場

ある日、ガッツ先生から電話を受けた私の息子（京都在住）が、こう言った。

「いきなり〝ＯＫ牧場です〟って名乗られたので、最初は、誰かのイタズラかと思った」

そのことについて、ガッツ先生はこう言う。

「私は全国どこでも、電話をするときは〝ガッツ石松〟とは名乗らず〝ＯＫ牧場〟って言います」

これは、ガッツ石松＝ＯＫ牧場ということが広く浸透しているからでもあるが、もう一つ大切な狙いがある。

いきなり電話というのは、かける方はあらかじめ準備しているので、心に一定の余裕がある。ところがこれを受ける方は、ある種の緊張感が必要になる。電話の先がお客さんかもしれないし、上司かもしれない。

いきなり〝ＯＫ牧場〟は、その緊張感を和らげ、瞬時に親しみの時・空間を作ってくれる効果がある。つまり、すぐに相手の裃を脱がせ、話しやすくなるのだ。

では、いまでも大人の日本人なら誰でも知っている〝OK牧場〟の由来について紹介しておこう。

ここで知っておきたいのは、人間社会では、肩の力を抜いて、思わず発する言葉のなかから絶妙な常套句が生まれる、ということである。

その言葉が人の特徴を作り出し、場合によっては、訳もなく他人を惹きつけることもある。


ガッツ石松＝OK牧場になったのは、彼が芸能生活をはじめてからのことである。

OK牧場と言うからには、ハリウッド映画の名作「OK牧場の決斗」に由来していると理解している人が多い。ところが、それは違う。

ここで思い起こしてほしいのは、第2章で書いた映画「カンバック」である。

そう、1990年にガッツ石松が自ら製作、監督、主演を務めた、はじめての映画である。

そこに出演してもらったのが、あの有名な西部劇「ララミー牧場」の主人公・ジェス役を演じたロバート・フラーだった。

そのとき本来なら、演技が終わったあと、監督が「カット！ ＯＫ！」と言うところだった。しかしガッツ石松は、思わず「ＯＫ牧場！」と叫んでしまったのである。

なぜかと言うと、目の前にいたのが、ララミー牧場のジェスだったからである。それ以降、彼は、何かいいことがあると「ＯＫ牧場！」と叫ぶようになった。

この言葉のメディア受けは、抜群だった。そして彼特有のキャラクターと相まって、たちまちＴＶ界を席捲した。

おそらく、ほんわかとした〝おとぼけキャラ〟と、キリッとした西部劇の心地良さがピタリと合致したのだと思う。

言ってみれば、ガッツ石松の心の余裕みたいなものが、殺伐とした世間のやりとりを超越した形で受け入れられたのである。

世の中は、何があっても「ＯＫ牧場！」で丸く収まる。この言葉は、日本社会の潤滑油みたいな役割を果たしてくれた。

俳句の心

人々の日常生活を超越したようなガッツ石松のこうした言葉は、いったいどのようにして生まれてくるのだろうか。

私が思うに、これは言葉の問題ではなく、その言葉を発する人格の問題ではなかろうか。

例えば、の話。私が過去に、数えきれないくらい人から言われた言葉がある。自慢話のようになって恐縮だが、それを書いてみる。

「迫さんは、文章がお上手ですね」

はっきり言って、文筆家に向かって文章が上手いというのは、かなり失礼な話である。

なぜかというと、文章や言葉というのは、その人の思考や心情を相手に伝えるためのものであり、その使い方（操り方）が上手いというのは、ある意味で、本当の人格を、実際よりも貶める結果になっている。

それは文章や言葉の問題ではなく、その文章を書く、あるいは言葉を発する人の人間性の問題なのである。

つまり、その人から自然に滲み出てくるのが、文章であり、言葉である。

そういう意味で、日本には短い言葉を連ね、微妙な心情を表現する、あるいは牧歌的な雰囲気を創り出す芸術がある。その極致といえるのが「俳句」であろう。

2017年のある日。何気なくNHK教育テレビを観ていた。

番組は、出演者が詠んだ俳句について語り合うというものだった。そのとき、その一席にガッツ先生が座っていることに気が付いた。

ガッツ先生の俳句といえば、小学3年生のときに学校から賞状をもらったという話がある。彼は、その後も俳句を創り続けていた。

と言うか、彼はとにかく俳句が好きなのである。特に、どこか人を食ったような句、あるいはしみじみと人生を詠うような句が好きである。

彼は言う。

「それはＮＨＫの1時間番組〝俳句王国がゆく〟だったと思います。そのとき私が創った句は、専門家よりも高い評価を受けました」

そのときは、伊藤若冲の鶏の絵を観て一句詠む、という設定だった。その情景、季節感から、彼の一句である。

― 冬休み 僕の友達 ただ一羽
ガッツ石松を語るとき、世界チャンピオンにまで上り詰めたボクシングの世界だけでは、どうしても語りきれないところがある。

また人々を和ませ、笑わせたバラエティー番組のキャラや、果敢に挑戦した映画などへの心意気だけでも語り尽くせない。

そこには一本の筋のようなものが必要だった。その筋こそ、日本の俳句の心だったように思う。その心の持ち方こそが、人々を惹きつけたのである。

体にワインの血が……？

ワインの血が流れている

一方の川島なお美の言葉についてである。

「私の体には、ワインの血が流れている」

このラジオトークから出てきた言葉は、創造性にあふれ、まるで広告キャッチコピーのようだった。

この言葉によって、川島なお美＝ワインのイメージが出来上がったと言っても過言ではない。

私はいまでも、結婚披露宴で引き出物として戴いた「Naomiブランド」の大きなワイングラスを愛用している。

言葉の魔力というのは不思議なもので、

彼女の言葉が、ワインの味にまで影響を与えているように感じる。

もう一つ。その披露宴で、私の近くのテーブルに座っていた俳優・石田純一の名言の話である。

彼は2020年にコロナに感染し、その前後の好ましくない行動によって、世間のバッシングを浴びた。

ただ当時の彼は、プレイボーイとしてその名が知れ渡り、週刊誌の格好のネタになっていた。その彼が発した有名な言葉がある。

「不倫は文化である」

この言葉について、川島なお美は自著『熟婚のすすめ』のなかでこう書いている。

「パーティである俳優さんとテーブルをともにしました。恋愛話に花が咲き、読んだばかりの本の内容を思い出した私が〝中世のヨーロッパでは、不倫は文化だったそうですね〟と言うと、その俳優さんは妙に納得し、その数日後、芸能界やワイドショーを賑わせていました」

言葉というのは便利なもので、どこの誰から入手しようと、自由にいろいろな用途で使える。

川島なお美の言葉というのは、ズバリ直言。しかもできるだけド派手に、これまでの常識を覆すところに大きな特徴がある。

プロポーズの言葉

その一方で、彼女は、言葉の微妙なニュアンスを巧みに使い分ける稀有な才能の持ち主である。

これから書くのは、川島なお美の自著でも紹介されたプロポーズ作戦についての話である。このケースでは、ズバリ直言は通用しない。

彼（鎧塚敏彦）との何回目かのデートのときだった。彼女の方から仕掛けた。

「これから、どういう風にお付き合いしていきましょうか？」

これは、さりげなく相手の真剣度を探る言葉である。

そのとき彼は、少し間をおいてから、こう返した。

「お互いに仕事をがんばっていこう。女優の仕事も、陰ながら応援している」

この意味を言葉どおりに捉えると、まだ結婚を考えるのは早い。しかし互いに応援しているうちに、やがてそういうことになるかもしれない、ということであろう。

正直に言って、彼女はがっかりしたという。

その翌日のことだった。普段はメールで交信しているのに、いきなり彼から電話がかかってきた。ちょっとだけ、切羽詰まった様子も感じられたという。

「ちゃんと将来のことを考えていくから……」

おそらく鎧塚は、彼女の言葉を一晩、熟考してから答えたのだと思う。

彼女は、この絶妙のタイミングによって、結婚を確信したという。実は、このやりとり以外にプロポーズの言葉は存在しないという。

まるで映画のラブストーリーみたいだった彼らでもそうなのだから、日本中のどの夫婦でも、プロポーズの言葉というのは大体そんなものであろう。

日本人のウラを読み合う微妙な会話ほど、深い味わいを感じさせるものはない。

この際、はっきりと「愛している」などと言われたら、気を付けた方がいい。

笑える言葉

そういう男女のラブストーリーの対極にあると思われる、高齢者向けの言葉についても書いておきたい。

高齢者と言えば、やはり難しい話よりも笑える話の方が良い。人間、笑うことによって健康になり、長生きができるからである。

小宅の近所に少々ユニークな和風食堂がある。店内には、おそらく数百点に及ぶと思われる骨とう品が、ギッシリと展示してある。

その骨とう品を観ながら、古民家の話に花を咲かせることもできるし、リーズナブルな価格で日々の定食も楽しめる。

ある日の昼食タイムだった。

奥の一席の壁に、一枚の紙が貼ってあった。注文した定食が出てくるまでのヒマな時間だったので、家内と二人でそのメモのような文章を一行ずつ読みはじめた。

まず私が、吹き出した。すると、家内も吹き出した。しばらくの間、静かな店内で笑いをこらえるのに苦労した。

正確な一字一句は覚えていないが、内容は、概ね次のようなものだった。

題名は「18歳と81歳の違い」。それが、10項目に及んでいた。

――18歳になったら、人生につまずく。

81歳になったら、小石につまずく。

――18歳になっても、何も知らない。

81歳になったら、何も覚えていない。

――18歳になったら、高速道路を暴走する。

81歳になったら、高速道路を逆走する。(以下、省略)

ザッと、こんな調子だった。

その日の「鳥のささ身定食」の味はあまり覚えていない。しかし、そのときの壁メモから受けた爽やかな衝撃のようなものは、いまでも時々思い出す。

ただこの文章は、まだ〝人生につまずいたこと〟さえ分からない若者には、ほとんど受けない。

しかしその一方で、〝高速道路を逆走すること〟を本気で心配しはじめる高齢者には、大受けとなる。

人を和ませるために、十分に練られた文章というのは、人々(特に高齢者)の人生を豊かにしてくれる。そして、しっとりとした潤いを与えてくれる。

人を傷つける言葉

2020年のこと。

当時、フジテレビの人気番組だった「テラスハウス」に出演していたプロレスラー木村花さん(当時22歳)が、ネット上で心ない投稿を受け、自ら命を絶ったと思われる出来事は、日本社会に衝撃を与えた。

この悲しみ余る一件が、ネット社会ならいつでもどこでも、そして誰にでも、その可能性があることを示唆していたからである。

人間の内面というのは、他人には計り知れないものがある。

私自身、何度も経験したことがあるが、ネット上の言葉からは、一種の恐怖を感じる。そのせいもあって、私はネット上の知らない人からの評価、感想はあまり読まないことにしている。

95％くらいは、作品の評価や好ましい感想が書かれている。しかし、どうしても5％くらいのどこかに、心にグサリと突き刺さる表現が含まれている。

この場合。投稿した人は、決して悪意は持っていないと思われる。しかし実直でストレートな表現のなかに、どうしても受け入れられないようなところがあるのである。

裁判例によると「死ね」というのは侮辱に当たるが、「消えてほしい」というのは侮辱に当たらないという。しかし、そんな線引きは、ほとんど意味がない。問題は、読み手がどう感じるかである。

私の場合、せっかくの投稿に失礼なのだが、どこの誰なのか分からない人から、精魂込めて書いた作品にたった一言でイチャモンをつけられるのが、耐えがたくつらいのである。

もちろんスポーツの世界などでは、多少過激な言葉であっても、それが叱咤激励になって、相手を奮い立たせるようなところがある。

しかし体育会系ではない世界では、どうしてもストレートな表現が心に引っかかることの方が多い。

その一方で、どんなに優しい言葉であっても、相手を傷つけてしまうようなときがある。

ネット上の言葉というのは、相手の顔が見えず、ちょっとした言葉が凶器に変わることがある。それが恐いのだ。

もちろんその一方の視点も大切である。こちらが思っていることを自由に書くのと同じように、読む人にも〝表現の自由〟がある。

ただ、もし反論があるような場合には、できれば同じ手法（本などの執筆）で堂々とそれを述べてほしい。

一方、言葉で自分の考え方などを披露する政治家の場合には、甘んじて他人の意見を受け入れなければならないときがある。むしろ、それを消して回るようなことがあってはならないのだ。

ところが公的な立場にない一般の人には、守るべき言葉のルールというものがある。

相手の平穏な日常生活を壊してもよいという〝表現の自由〟などが、あるはずがないからである。

覚えておこう。ネット上では言葉が過激になる。それを制御するのは、そこに至るまでの精神（こころ）の教育ではないかと思う。

ほんの少しだけ相手の心情に思いを馳せる。そして、ほんの少しだけ自分の表現に留意する。たったそれだけで社会が変わる。

スマホなどの普及で、この頃の若い人は、自分が発信する言葉や文章に責任を持たなくなった。

それがネット投稿であれ、一冊の本であれ、フツーの会話であれ、自分の発した言葉（文章）には、全人格をかけて責任を持つというのが人間の基本である。

こうした社会での基本ルールを学ぶのは、やはり同じ世代、あるいは同じ志を有する人たちが、同じ場に集う学校である。

学校で机を並べて学んだ友というのは、その人が生きていくうえで〝かけがえのない存在〟になることが多い。

そこで育まれる他者への思いやりの心が、やがて社会を潤す。それは何よりも大切な学校の使命ではないかと思う。

言葉を遺す

繰り返すが、時間をかけて練られた文章や言葉というのは、学生たちの心にしっかりと遺る。

そのことは、教育者として最も心すべきことである。良い教育者というのは、良い言葉を発する者だと言ってもよい。

――Boys, be ambitious!（少年よ、大志を抱け！）

これは1877年、札幌農学校（現北海道大学）に近代的な農校園を開設したクラーク博士が、米国に帰任するときに学生たちに遺した言葉だと伝えられている。

この言葉は、その後、全国の入学・卒業式など、いろいろな場面で使われた。この言葉を発した地と伝えられる現北広島市には記念碑が、また札幌市内の北大構内や羊ケ丘展望台には、クラーク博士の銅像が建っている。

どういう時代になっても、的のド真ん中をついた素晴らしい言葉だと思う。つまり単純な言葉だが、その真意が伝わったときには人々の心に強く響く。

蛇足になるかもしれないが、その言葉の意義について書いておきたい。

人生というのは、特に青少年時代に、大志を抱くことが基本になる。大志を抱かない、あるいは抱く必要がないと考えたときに、その先の道が開けなくなるからである。

たとえ大志を抱いても、なかなかそうはならないものだが、少なくとも大志を抱かなかった人に、バラ色の人生が待っていることなどは考えにくい。

「意思あるところに道ができる」

これは人生の鉄則である。

ただし、大志と言っても、必ずしも「天下を取る」「社長になる」といったようなたいそうなものでなくてもよい。

「名医になって人々の命を救いたい」「優れた美容師になりたい」「一流のシェフになりたい」。そういう夢で十分である。

高校野球で言えば、「甲子園に出たい」と願わなかった人が、甲子園に出ることなどは、ごく稀なことなのである。


一方、教育界では不思議にも、教えられる者に対する言葉よりも、教える者に対する言葉の方がよく目立つ。

――他人に教えることとは、自ら学ぶことである。

――何ぞ人を教えて、自ら学ばざるや。

確かに、教育というのは他人を導くということではなく、自分を磨くということではないかと思う。

ともあれ、人生や教育に役立つ言葉には限りがない。

この章の最後に、２０２０年に惜しまれてこの世を去った野村克也（元プロ野球選手・監督・解説者）の名言を記しておこう。

――金を遺すは三流

――名を遺すは二流

――人を遺すは一流

プロ野球界の一流の教育者だった野村克也は、いつも的を射た言葉を発していた。そのこと自体、尊敬に値する。

ただ私なら、ここにさらなる一行を付け加える。

――言葉を遺すは超一流

第6章

小さな大学のアイデンティティ

——電大の意地

「功を遂げた人物との出会いは、万巻の書に勝る」

２００８年からの2年間。現代社会学部（当時）では、ガッツ石松と川島なお美を客員教授として迎えた。

実社会で成功した2人の体験を学生たちに伝え、何か大切なものを学び取ってもらいたかったからである。

この計画は、多くのメディアの注目を集め、その波及効果によって2年後から少しずつ入学者数を伸ばしていった。

われわれの目論見は、決して大きく軌道から外れたものではなかったと思う。

ところが、世にはさまざまな見方をする人がいるものである。

他学部（工学部、情報学部）の一部の先生方から「現代社会学部は何をやっているの？」といったような見方が示されるようになった。特に、学問一筋の先生方（学者）から厳しい言葉が聞こえてくるようになった。

このため、私たちはこの計画を改めて評価するため、２０１０年からしばらくの間、様子を見ることにした。

ところが、その翌年（2011年）に新しく学長に就任された方（学者）は、全く別の考え方を持っておられた。

その学長から声がかかった。

「もう一度、ガッツ先生に教えてもらえないだろうか」

これは大変ありがたい言葉だった。

元来、ガッツ先生の講義というのは3、4年生を主体にした専門科目よりも、1、2年生を主体にした総合教育センター科目にする方が、より効果的だと考えられていたからである。

これを簡単に説明しておこう。

どの大学でも同じようなシステムが採用されていると思うが、本学では入学後の1、2年次では、全員が総合教育センターに所属し、「教養科目」「コミュニケーション科目」「学部基礎科目」などを学んでいた。

各自が目指す専門科目を学ぶのは、3年次以降、つまり3つの学部に分かれてからのことだった。

かくして2013年から、ガッツ先生は、全学部の学生を対象にした「キャリア教育」に関する科目を担当することになった。

東京オリンピックに出よう！

その頃、ガッツ先生が急に言いはじめたことがあった。私は、その話をあらかじめ聴いて知っていた。

しかし彼が、そのことを最初の講義（同年10月1日）で、突然、口にしたことについては少々驚いた。

なぜ驚いたのかと言うと、そのとき、はじめて彼の本気度を知ったからである。

「大学にボクシング部がないことは知っている。ただ、このなかに誰かボクシングをやりたい人はいないか？」

彼は、いきなりストレートパンチを繰り出した。

「最初は何も分からなくてもいい。ゼロからスタートして、東京オリンピックに出よう！」

そのとき中野キャンパス611教室が静まりかえった。しばらく待ったものの、手を挙げる学生はいなかった。

それでも彼は諦めなかった。

「もしその気になる人がいたら、いつでも言ってくれ。オレが指導するから」

現代の若者は、すぐに「できるわけがない」「無理なことだ」と考えてしまう習性がある。しかし、それでは社会が一歩も前に進まない。誰かがやらないと、世の中は変わらないのである。

その講義では、1974年に、彼が、当時の世界チャンピオンだったゴンザレス（メキシコ）をKOで倒したときのビデオが流された。

私自身、そのときはじめて本人の解説付きで「もう一人の敵」だったレフリーの不可解な動きを目の当りにした。（42ページ参照）

世の中に、こういうことがあっていいのだろうか。多くの学生があのレフリーの動きを実際に見ることによって、その不条理さを実感した。

それでもガッツ石松は、周囲の状況を冷静に見極め、子どもの頃から目標にしていた栄冠を手にした。

その講義は、全員が起立した〝ガッツポーズ〟で締められた。

「エイ、オー！」

あのときの大合唱は、ガッツ先生の生き方へ共鳴した学生たちの雄叫びのように聞こえた。

彼が「東京オリンピックに出よう！」と学生たちを鼓舞したのは、自身の行動哲学に則ったものだった。

「道なくば、われ道を創る」

若いときに、何かをきっかけにして挑戦する習慣を身につけておかないと、決してチャンスは訪れないのである。

それはひょっとしたら、いまの若者に一番大切な教えかもしれない。

高城祭

いまでも〝高城祭《たかじょうさい》〟と聞くだけで、ワクワクするものがある。

本学の大学祭が、キャンパスの背後にそびえる高城山（496m）の名前にちなみ「高城祭」と名付けられているからである。

考えてみると、どこの大学でも、秋に開催される大学祭というのは、学生の成長にとって意義深いものがある。

なぜかと言うと、学生たちがわずか2、3日間のイベントのために、長い時間をかけて準備し、自分たちの手で全てを行うからである。そこでは、教室の講義では得られない貴重なものを学び取ることができる。

私は、毎年、学生たちのお点前による茶会、工学部の学生たちによるロボット実演、ステージ上での音楽パフォーマンス、各サークルやゼミなどが出店する世界の食べ物……等などを楽しんでいた。

そこには大勢の近隣住人たちも集まる。

「ガッツ先生に、参加してもらいたいのですが……」

実行委員会のメンバーたちが、私の研究室を訪ねてきて、そう言った。

すぐに本人に打診してみると、多忙なスケジュールを調整して参加してくれることになった。

２０１４年10月25日。その高城祭の日だった。

少し緊張した学生たち３、４人が、控室にやってきた。事前に打ち合わせをしたいと申し出たのは、実は、ガッツ先生の方だった。

もちろん、その日のメインイベントの打ち合わせである。ステージ上で学生たちとトークをしながら、ボクシングのグローブ４つとミットを使って実演パフォーマンスを行うという企画だった。確か、告知パンフレットには「ガッツ先生の課外授業」と記されていた。

学生たちは、ガッツ先生のテレビでの奔放なパフォーマンスを観ていたので、全てを成り行き（台本なし）で進めるつもりだったらしい。

ところが、これに難色を示したのはガッツ先生の方だった。

「よし、これから段取りを決めよう！」

彼は、学生たちと膝を突き合わせ、簡単な台本を作りはじめた。

「良いパフォーマンスをするためには、良い準備をすること」

高城祭でのステージパフォーマンス

これは彼の基本姿勢である。

私も傍でやりとりを聞いていたが、彼はかなり真剣だった。

「ボクがこう言うから、キミはこう突っ込んでくれ」

わずか30分くらいだったと思うが、すっかり準備は整った。そのときの本番の様子は、写真をご覧いただきたい。

柔道部などの頑強な体格の学生たちが、それぞれガッツ先生に挑み、さまざまな指導を受けた。おそらく元世界チャンピオンから、手取り足取りボクシングの指導を受けるようなことは生涯ないと思う。

そのステージが終わったあとのガッツ先

生の行動もまた、教師の見本のようだった。彼は、グラウンドの周囲にズラリと設置された学生たちの出店に、順番に声をかけて回った。

そして、そこで差し出された食べ物を頬張りながら、ゆうに100人を超えると思われる学生たちと握手した。

それは、まさしく「ガッツ先生の課外授業」だった。

そのときベトナム料理を提供していた留学生の一人が、私に素朴な質問を投げかけてきた。

「ガッツ先生って、そんなにすごい人なんですか?」

私の答えは、こうだった。

「もちろん、すごい人です。だって、世界に一人しかいないんですから」

その帰り道。ガッツ先生が言った。

「オレも30歳くらい若返ったかな」

彼にとっても、これまでずっと憧れていた大学祭に参加することができた。

生涯スポーツ

大学の講義と言えば、どうしても3、4年次の専門科目が話題になる。いわゆる「読み・書き・ソロバン」と言われる1、2年次の基礎・教養科目というのは、どちらかと言うと、地味で目立たない……と思う人が多い。

ところが私は、全くそう思っていなかった。特に「日本国憲法」とか「化学実験」などは、学生たちに混じって、こっそり受講してみたいと思っていたくらいである。

そんななか、私が、特に興味を持ったのは「生涯スポーツ」という科目だった。申し訳ないことに、私はそれまで、そういう科目が存在することすら知らなかった。

人間というのは、学校で勉強、会社で仕事ばかりしていると、趣味も持たず、つまらない人生を送ってしまうことが多い。

そこで体育の授業とは別に、屋外スポーツ・レジャー体験を中心にした「生涯スポーツ」という科目が設定されていた。

これには、心身を鍛えるということの他に、生涯にわたって楽しめる趣味や生きがいを探すという目的もあった。

具体的に書けば、海や山でのテント生活。ウィンドサーフィン、シーカヤック、スキューバダイビングなどのマリンスポーツ。それにスキー、スノーボード、登山、トレッキングなどの山岳スポーツである。

なぜこの授業が優れているのかというと、準備から実践の全てのプロセスにおいて、人と人との繋がりや自然への畏敬の念がベースになっているからである。

さらに言えば、相手はモノ言わぬ自然や、生きるための道具であることが多い。

そうなると、特に、長い時間をかけて行う準備・訓練のプロセスが重要になる。

また実際に、屋外で実施した活動は生涯にわたって忘れることはない。

そこで同じ時間を過ごした人たちは、〝生涯の友〟になることだってある。

これらの実施にあたっては、県内外はもちろんのこと、北海道や沖縄、マレーシアやオーストラリアなどにも出かけた。

繰り返すが、現代人が本当に有意義な人生を過ごせるかどうかは、どんなスポーツ・趣味を見つけ、それをどう楽しむのかにかかっている。

この授業がすごいと思うのは、大学で教わったことがきっかけになって、その人の人生を豊かにしたり、将来の進路を決めてくれたりすることがあるからである。

次に、紹介するのはその一例である。

被災地の支援

中島佐和子さん（30歳）は、本学1年生のときに担当教授に勧められ、スキューバダイビングの体験学習に参加した。はじめて潜ったのは、呉市の倉橋島。自分の呼吸と水の流れる音しか聞こえてこない深海に心を奪われた。

3年生のとき、あの東北大震災が起きた。その後、インターネットで岩手県のNPO法人「三陸ボランティアダイバーズ」が、地元の漁港と協力し、海底のガレキを片付ける作業をしていることを知った。

彼女はすぐに、そこにメールを送った。そして同年8月。夏休みを返上し、そのボランティア活動に参加した。

最初は、船上で手伝うという役目だった。しかし、やがて居ても立ってもいられなくなり、10月からは自ら潜りはじめた。ここにきて、はじめて大学で学んだ科目（生涯スポーツ）が役立った。

「ガレキを持ち上げると、ヘドロが黒煙のように舞い上がって前が見えなくなるんです。翌日、清掃した場所に戻ってみると、また潮の流れなどでガレキの山が……」

しばらくの間、これを繰り返す日々が続いた。そして気が付いてみると、すっかり季節が変わり4カ月が経過していた。

12月。広島に戻るとき、一人の漁師が言った。

「また来いよ！」

彼女は、その後も時間を見つけ、岩手県に通った。

卒業式の日。私たち（大学側）は、彼女に「学長賞」を贈った。

彼女は、女子学生定番の袴姿で、その賞状を受け取った。壇上から見た彼女の姿が輝いて見えたのは、私だけだっただろうか。

考えてみると、教室や図書館で勉強することも大切だが、こうした体験学習に勝るものはない。これは、自由で小規模な大学にしかできない教育方法の一つではないかと思う。

大学教育を考えるとき、いつもこう思う。

「万人に平等の機会が与えられるよりも、体験による個別の自己修養の方が、よほど真の人格形成に役立つ」

彼女は、卒業後、地元にあるＩＴ関連の印刷会社に就職した。そして、その後も震災関連のホームページを作成するなどして、現地の支援を続けた。

あれから8年の歳月が流れる。

いま二児の母となった中島さんは、拙書にこう手記を寄せてくれた。

「先生方が学生のやりたいことを尊重し、後押ししてくださる環境がとても整った大学でした。長期のボランティアを発想し、実行できたこと。また行っている間もサポートしてくださいました。いまベンチャー企業で働いていますが、チャレンジしやすい環境を整えてもらえる大学で学んだからこそ、今日の自分があると信じています」

思わずエールを送りたくなるような、夢のある人生ではないか。

ビジネスインターンシップ

人を導いてくれるのは、いつの時代でも、目の前にいる人（手本）であり、生活を取り巻く環境である。

いくら大学（教室）で高度な学問を学んだとしても、それを実証・実践するのは、社会という名のフィールドである。

私は当時、会議などでよく隣に座っていた短大部長（マツダの先輩）から、次のような話を聞いた。

「ウチの学生は〝3000を7で割れ〟と言うと、なかなか答えられない。ところが〝3000円やるから7人で分けろ〟と言うと、アッという間に実行する」

この話は、もちろん面白おかしく脚色されていると思うが、かなり教育の本質を突いている。

人間というのはそんなもので、特に社会に近づくと、実利を伴わない教育というのは、どこか空しく本気で取り組めないようなところがある。

私は、8年間続けた講座（マーケティング論、商品ブランド戦略、国際ビジネス文化論）の他に、2年間「ビジネスインターンシップ」という実践型の講座を担当していた。

これは、当時（おそらくいまでも）ほとんどの大学で採用しているビジネス体験型の授業である。

本学の場合は、3年次の夏休みを含む前期。授業の流れは、おおよそ次のようだった。

① インターンシップの主旨と進め方を理解する。

②マナー講座などで、企業で必要とされる基本作法を学ぶ。
③自分が体験してみたいこと（候補となる会社など）を決める。
④（ネットで）その会社に応募する。
⑤会社に赴き、面接などの簡単な審査を受ける。
⑥指定された期間（多くが夏休み）に1〜2週間、無給で働く。
⑦その体験をレポートにまとめ提出する。
⑧全員が終了した時点で、合同発表会などを実施する。

本学の場合は、広島県が仲介を行うマッチングシステムを活用していた。ただ他にも、特定企業とのタイアップというやり方もあった。

そもそも少人数の本学部では、毎期10〜15名の応募しかなかった。ただ②のマナー講座については、登録していない学生が多数、出席していた。

彼らの魂胆は、実際に働くのはイヤだけど、必要な知識だけは身につけておきたいというものだった。

もちろん私は、そういう学生も受け入れた。せっかく講座を開くのだから、一人でも多くの学生に聴いてもらいたいと思ったからである。

ただこの際、講義だけを聴きに来た学生と、現場で最後までやり遂げた学生との間には、説明できないくらいの大きな差があった。

実際に最後までやり遂げた学生は、10名に満たなかった。しかし、彼らはオール「優」に値した。つまり、どんなにトラブルがあっても、彼らは踏ん張った。その体験は、生涯にわたって宝物であり続けると思う。

途中、仕事への悔しさなどで苦情を訴えた学生もいた。しかし、いったん働きはじめて途中で辞めた学生は一人もいなかった。

私自身、普段の一方通行の講義とは違い、時間を忘れ、彼らと本気で話し合ったのを昨日のことのように覚えている。

繰り返すが、私は思う。

「この世で一番正しい教育を施してくれるのは、世間という学校である。そこには、厳格で高貴な教師がたくさんいる」

私が学生たちに「諦めるな！」を繰り返したのは、そのためだった。

国民を教育するのは社会

その話をもう少し続ける。

話が逸れるかもしれないが、日本という国は、政治は二流なのに、国民は一流である。そのため政治から教わることは少ないが、国民（社会）から教わることは多い。

では、そういう優れた国民は、いったいどこの誰に教育されているのだろうか。

その教育の主は、長い伝統をもつ日本社会だと言ってもいいと思う。

いまでも日本社会の根底に流れているものは、遠く江戸時代から変わっていない、少ない民族による統一された精神（モラル）や、他人を敬う行動の美学である。

日本には時代が代わっても、政権が代わっても、どうしても崩れない不朽の礎のようなものがある。それは、国民的風土だと言ってもいいかもしれない。

いま日本社会のどこに行っても、多少の差はあったとしても、総体として感じるのは「親切」「優しさ」「寛容さ」「控えめ」「もてなし」などの日本特有の心である。こういう安定した雰囲気をもつ国は、世界中のどこにもない。

地球儀を俯瞰し、民族学的に見てみよう。

イギリス人、スペイン人、オランダ人、中国人……。多くの国の人たちが、自国以外で大小の社会を作ってきた。

日本が統治した時代の台湾や一部のアジアの国々、戦後のブラジル移民などでも、そこに小さな日本人社会が作られた。

その〝人が集まるところ〟に、最初に創った施設はいったい何だっただろうか。

これは、ほぼ例外なく、好みや良し悪しは別にして、西洋人なら教会、中国人なら中華レストラン、日本人なら学校ということになった。

つまり日本人というのは、〝学び〟を中心にして社会を形成していく。それが学校教育であれ、社会教育であれ、そういう国民性なのである。

そこで自然に形成されるのが、社会で相互に教育し合う全体としてのモラル感である。

2020年のコロナ禍。日本政府は、経済再生を優先させ「Go To トラベル」に固執し続けたが、感染拡大を憂慮した多くの国民は「自粛」を貫いた。

お盆に帰省できなかった孫が「祖母に会いたい」と言って涙を流したシーンなどは、むしろ尊く美しく見えた。

また昼夜を問わず、コロナ患者のために働く医療従事者に、ボランティアによる弁当が届けられた。そして、いたるところで善意のマスクが無償で配布された。

さらにコロナ禍で生活に困窮した留学生に対しては、多くの大学の教職員、卒業生、保護者たちが生活支援金などを贈った。

日本という国には、困った人がいれば助けるという独特の風土がある。それは諸外国では、あまり見られないことである。

これは、伝統的に息づいている教育力の差ではないかと思う。

日本社会には、いつも目に見えない安定したモラル感が漂っている。そんな社会に住む人たちは、決して大きな過ちは犯さない。

本当の意味で、日本国民を教育しているのは、特定の人々や教員ではなく、日本社会なのである。

高い教育力とは？

いくら優れた教育をする大学であっても、いったん定まった世間のイメージというのは、なかなか覆せない。

そんななか、2012年に刊行された『週刊ダイヤモンド』(9月29日号)の記事にはホッとさせられた。

この号では、全国560大学の教育力ランキングが掲載された。それによると、本学は560校中の185位。県内の私立大学ではトップクラスだった。

なぜ560校だったのかというと、全国731大学にアンケート調査を実施したところ、必要なデータが揃ったのが、560校だったからだという。

元来、大学ランキングというのは、入試の偏差値を比較したものが多かった。

しかし、いまは社会が多様化し、偏差値だけで大学の良し悪しを測るのは難しい時代になった。

そこでダイヤモンド社は、日本の大学を教育力、就職力、ブランド力に分けてランキングしたのである。

言うまでもなく、このなかで特に大切なのが教育力である。では当時、本学がどのような理由で上位にランクされたのだろうか。

以下に紹介するのは、当事者としての分析である。


まず教員一人あたりの学生数である。

どの大学でも「キメの細かい丁寧な教育」をキャッチフレーズのように唱えている。しかし少数の教員で、メガ教室の顔も見えないような学生たちに「キメの細かい教育」などができるはずがない。

当時、本学では専任教員一人当たりの学生数は、13・1人だった。

つまり教員と学生の距離は、自然（物理的）に近くなり、その結果「面倒見の良い先生」が増えたのである。

前述の中島佐和子さんの震災でのボランティア活動も、先生方のサポートがあったという意味で、その氷山の一角だったのである。

さらに本学では、少人数なのに、そこに習熟度別クラス編成というやり方を導入していた。これが、一人ひとりのレベルアップに大いに役立った。

例えば、英語は8クラス、数学は4クラス、物理は5クラス……というように学生の能力に合わせて、クラスを細かく分けていたのである。

その結果、大学全体の460講義（当時）のうち、1クラスで80名を超えるのはわずかに6講義。40～79名が56講義、30～39名が60講義、20～29名が118講義。つまり全体の約半分が、19名以下の少人数教育だったのである。

言うまでもないことだが、元来、教育というのは1対1に近いのが理想である。

また本学には「オフィスアワー」という制度があった。

全ての先生方が、自分の講義、ゼミナール以外に、研究室に学生を受け入れる時間を設けていたのである。

ドアに「オフィスアワー」という掲示がしてあれば、どの学部のどのゼミの学生でも自由にドアをノックすることができた。

現に、私も、その時間に何人もの学生を個別に受け入れた。なかには次のような質問をしてくる学生もいた。

「先生、今季のカープは大丈夫でしょうか？」

ともあれ「少人数教育」「習熟度別クラス編成」「オフィスアワー」は、本学の大きな特徴だった。

電大《でんだい》の意地

私は大学に就職するまで、それぞれの大学が持つ孤高としたキャンパスイメージが大好きだった。

どの大学でも、俗世を寄せ付けないような毅然とした空気が流れていたからである。とにかく汚れがないというか、清潔なのである。

平々凡々に言えば、〝アカデミック〟ということになるが、ドロドロした俗世とのやりとりが感じられず、純粋で、静かで、明るい。

図書館のテラスなどで、コーヒーカップ片手に本を読みながら思考に耽る……というのは、煩わしい現代社会のなかで至福の姿（空間）に近かった。

ところが実際に大学教員になり、少し重い責任を背負うことになると、そういう雰囲気をあまり感じなくなった。

おそらくそういう雰囲気よりも、もっと別のことが心配になりはじめたからだと思う。

つまり、世間とかけ離れていることが、むしろ不安になってきたのだ。私が、世間との繋がりを意識しはじめたのは、そのためだったかもしれない。

一方で思うに、大学というのは、その両立が必要である。

学問的な知識だけでは、世の中の役に立たない。しかし世の中に迎合しているようなら、別に大学（最高学府）でなくてもよい。

その両方がバランスよく保たれていることが大切なのである。その上で、他の大学とは違う特有の雰囲気があればよい。

私は、よく学内で「電大《でんだい》」という言葉を耳にした。

本学の歴史、伝統、スタイル……。それを感じさせるようなものがあるとすれば、それは「電大」という呼び方だった。

「電大」というのは、広島国際学院大学の前の名称である「広島電機大学」を略したもので、この呼び方に、大学の良いところと悪いところがすべて凝縮されていた。

どこか古くさいイメージもあるが、反対にその古くささのなかに、揺らがない大学の特徴を感じさせるカッコ良さがあった。

私が大学で教えていた専門科目（ブランド論）の式で示せば、次のようになる。

大学ブランド＝（記号＋意味）×時間

この際、「記号」というのが、学外や学内のアンダーグラウンドで語り継がれてきた「電大」という呼び方である。

この呼び方を聴いただけで、ある種のイメージが自然に頭に浮かんでくる。そのイメージというのが、前式の「意味」に当たる。

人によって抱くイメージが異なると思われるが、私にとって、その「意味」は次の3つに集約された。
① 挑戦の魂
② 不屈の精神
③ おとこ気・蛮カラ
なかでも電大イメージを代表していたのは、③だった。

この③のイメージを別の言葉で表現するのは大変難しい。ただ次の話を聴くと、おおよそのイメージが湧いてくるのではないか。

その昔、男の子が何か悪いことをしたり、女々しくしていたりすると、父親が「電大に行かせるぞ！」と諭したという話が残っている。

良くも悪くも、この話は分かりやすい。

最近で言えば、ガッツ先生がよく使う次の表現が、比較的近いのではないか。

「粗にして野だが、卑ではない」

それは、折に触れ顔を出してきた。

「電大」の意地と言っていいかもしれない。私は、そんな大学・学生イメージが大好きだった。

私立大学の意義

日本の大学は、基本的に国立大学（国立大学法人）、都道府県・市立などの公立大学（公立大学法人）、それに私設の学校法人による私立大学・その他に大別される。それぞれ4年制と2年制（短大）がある。

その設立意義などを考えてみると、国の骨格となる国家公務員のための国立大学、地方公務員のための公立大学が存在し、民間企業などのための私立大学が存在するという構図になっている。

もちろん、それぞれ人の才能はいつどの分野で、どのような形で開花するのか分からないので、人材は秩序なく交差している。

例えば、当初、科学者を目指していたが、途中から公務員を目指すというようなケースはフツーである。つまり、個別には自由自在なのだ。ただ教育機関の骨格は、おおよそそうなっている。

もしそうだとすれば、日々激動する日本企業の根幹を支えているのは、現役で2000万人を超えるとも推定される私立大学の出身者だということになる。

この状況下で、日本の私立大学が同じような学部を設置し、まるで〝金太郎アメのようなカリュキュラム〟を組んでいることに対し、危機感を持っている人は多い。もちろん、私もその一人である。

つまり提供される講座の画一化によって、個性的で有能な人材が埋没してしまうのではないかという懸念である。

もしこのような状況が続くようなら、日本企業の将来は知れているということになる。

2019年度末における日本の大学数は786校。うち私立大学が587校(約75%)を占める。いろいろな見方があるが、私には、この4分の3を占める大学が、日本の将来のカギを握っているように見えている。

いま日本の私立大学には、さまざまなバラエティーが求められている。確かに、最近、いろいろな私立大学で、アッと驚くようなユニークな試みを耳にするようになった。しかし私に言わせれば、まだ大海に一滴を投じるようなものので、不十分と言わざるをえない。

失敗してもいい。一石を投じたい。私は、当時、そう思っていた。

そのことについて、予想をはるかに超える形で応えてくれたガッツ先生と川島先生には心から感謝している。

珠玉の教え

では、彼ら2人が学生たちに遺してくれたものは、いったい何だったのだろうか。

実のところ、当初、ガッツ石松と川島なお美は、全く別世界の人物で、むしろ正反対のタイプのように見えた。

ところが実際に付き合ってみると、2人の相違点は非常に少なく、ほとんどが共通点だったように思う。

以下に、その共通点を3つにまとめてみる。

「雨霜に打たれてこそ、若葉は強く伸びる」

この言葉が示す心は、2人が言葉を代えながら、学生たちに繰り返し語ったことである。

その一つが、生活に困窮することは現実的には厳しいが、そのことが最良の力になるということだった。

彼らの話から、苦しい試練が2人の人格を鍛え上げたこともよく分かった。

2つ目は、「幸運は、いつも手の届くところで待っている」ということだった。

世の中では、偶然の成り行きで、唐突に優れた業績を上げることはできない。

大切なのは、そこに至るまでの日頃の努力である。

もちろん努力するということは、ひたすら名のある大学や企業を目指すことではない。それがどこであっても、成功を信じ、目標に向かって歩み続けることである。

さらに大切なのは3つ目の話だった。

本当に人間を向上させてくれるのは、机上の学問ではない。もちろん先進の専門的な知識は大切だが、それよりも「勤勉」「忍耐」のような最もベーシックな資質を磨き上げることである。

なかでも「勤勉」は大切である。残念ながら、これが現代人の美徳のなかから消えてしまったように思うのは、私だけだろうか。

「天は自ら助くる者を助く」

つまり自ら夢を描き、その夢の実現に向けて決して諦めず、たゆみなく前進することである。その延長線上で、はじめて良い成果が生まれる。

フランスの神学者・アルノーはこう言った。

「人間、何かに打ち込んでいることほど幸せなことはない。休息なんて、あの世に行けば誰でもできる」

人間は、生きている限り、そうあるべきなのである。

これが、私たちが2人から学んだ珠玉の教えだったように思う。

人格は一生の宝

私は59歳のときに再び職を得て、大学の教壇に立った。

当初は、学生と同じ4年くらいの期間をメドにしていたが、2年経過後に、期せずして学部長と研究科長（大学院）の任を拝命した。

そうなっても、役職の2年任期を全うすればよいと考えていた。しかし大学の限られた人材のなかで、なかなかそうはいかなかった。ただ私には、前述のようにうっすらとしたプランがあったので、2回目の再任後には、かなり悩んだ。

なぜ悩んだのかと言うと、ガッツ先生を大学に残したまま、自分だけが大学を去るということに、どことない抵抗感があったからである。

それでも私は、その年は、年初から学生たちに「最終年の講義」と宣言し、少し力を入れて取り組んでいた。

そして2014年3月。本学・袋町キャンパス（当時）での学生・一般市民を対象にした「さよなら講義」をもって8年間の教員生活に別れを告げた。

ただそのとき、退職と同時に、同学校法人の理事として残ってほしいという要請があった。私はある理由で、それを受けることにした。

その理由というのは、陰ながらガッツ先生を応援したいということだった。


2015年のある日のこと。

私は、総合教育センター長を務め、その後、ガッツ先生とのやりとりを担当していた先生から連絡をもらった。

「ガッツ先生が手術をされました」

あの元気なガッツ先生が……？　私は驚いて、すぐにマネジャー（鈴木健太くん）にメールを入れた。

すると、すぐに返信があった。

「1年間のNHK『まれ』の撮影が終わって、知り合いのクリニックで何気なく人間ドックを受けましたところ、悪性ポリープがあるということで、すぐに東大病院に入院し手術を受けました」

彼は、ガッツ先生の容態を詳しく教えてくれた。もちろんその結果、秋に予定されていたガッツ先生の講義は休講になった。

その後、私は、お見舞いのため「広島名産のレモンゼリー」を贈った。少しでも広島の風を感じてもらい、心を癒してもらいたかったからである。

すると、すぐに返礼メールがあった。

「いまちょうど、ゼリー食をとりはじめたところでした」

その後、少し病状のやりとりが続いた。そして嬉しいことに、本人は退院し、いまは元気に日常生活を送っている。そして、仕事も再開した。

ただ私にとって残念だったのは、それ以降、ガッツ先生が再び本学の教壇に立つことがなかったということである。

それでも彼とは、何かコトがあるたびに、互いに連絡を取り合っている。

思い起こすに、ガッツ先生が来広したとき、よく食事に誘ってもらった。折々の話題に花を咲かせたが、いつも思うことがあった。

それは、次のようなことである。

「人格は一生通用する宝である」

これは、初等、中等教育とは違い、高等（大学）教育の最終目標でもあるように思う。

幼い頃から、不遇の環境の下で形成された彼の人格と正義感のようなものは、どんなに歳を重ねても消え失せることはなかった。

いま、思う。

「人格こそ、人を教える唯一無二の力なのではないか」

そして、思う。

「大学は、その人格を形成する最高の場である」

これまで書いてきたことは、懸命に生き延びようとした地方大学の葛藤と、何があっても不屈の精神で立ち上がってきたガッツ先生の世にも稀な物語だった。

第7章 コロナ社会と教育

２０１９年12月。

中国・武漢市からはじまったと思われる新型コロナウイルスによる危機は、アッという間に世界の様相を一変させた。

私は第２次世界大戦が終結した翌年（１９４６年）に、この世に生を受けたので、実社会でこれほど大きな出来事に遭遇したことはない。

大きな変化の一つは、これまで当たり前のようにして進行していたグローバリズムに対する意識変革ではないかと思う。

当初、世界各国は国境の壁を高くし、人の出入りを厳しく制限・管理し、自国民をコロナウイルスから守ろうとした。とりわけＥＵ（欧州連合）各国は、域内の自由な移動という基本理念をかなぐり捨て、厳格な国境管理を行うようになった。

貿易面でも、マスク、消毒液、人工呼吸器などの医療物資を自国で囲い込み、自由貿易という世界共通の理念が軽んじられるようになった。

こうなると、当時のトラン……という大統領の「アメリカ第一主義」も結果オーライの政策となり、メキシコとの国境に「なぜもっと早く壁を造らなかったのか」という人まで現れた。

考えてみるに、これから先、新型コロナウイルスよりもっと手ごわいウイルスが出現しないという保証はどこにもない。むしろ何十年に1、2回の周期で、こういうことが起きると考える方が自然である。

この章では、こういう不確実性のなかで日本の教育はどうあるべきなのか、コロナ社会と教育の関係について考えてみたい。

分散型社会と教育機関

今回のコロナ禍では、特に先進諸国が、都市集中型の社会構造の脆弱性を露呈させる結果になった。

甚大な感染被害に遭ったのは、当初ニューヨーク、パリ、ロンドン、ローマなど国際的に名の知れ渡った大都市が中心だった。日本でも東京、大阪とその周辺に集中した。

一方で、地方都市のなかには、長く感染者が一人も出ないところもあった。秋田県、鳥取県などは、分散型社会のお手本のようなところである。

また同じ欧州でも、ドイツの場合は、国策として分散型社会を目指しているため、当初は、人口の割に感染者が少なかった。

つまり国全体を多極的な構造空間にしておけば、自然に感染リスクが小さくなったのである。

ここに今後の社会の在り方、教育機関の在り方などのヒントが潜んでいる。

私はいまから42年前、すでにそのことを予言していた。

そのきっかけになったのは、1978年に宮城県沖を震源地として発生したマグニチュード7・4の大地震だった。

そのとき仙台市などで最大震度5強を記録し、私が勤務していたマツダ東京支社（五反田）でも震度4だった。

当時の東京支社は、ビルの最上階（17、18F）を間借りしていたので、その揺れは尋常ではなかった。

マッチ箱みたいな細長いビルの最上階が、左右50〜60センチくらい揺れた感覚が、いまでも体のなかに残っている。

さらにその後の3カ月間くらい、左右10〜20センチくらいの揺れが頻繁に続いた。私はそのとき、正気で、次のような行動を起こした。

当時の社員の多くは、主に千葉県船橋市、市川市にある二つの社宅から1時間30〜40分くらいをかけて五反田の建物に通っていた。

もちろんその建物は、マツダであるという実態はなく、単なる箱（オフィス）に過ぎなかった。

なぜ多くの社員が、実体のない箱（オフィス）に長い時間をかけて通うのか。私はそれが納得できず、上司に次のように提案した。

「船橋市と市川市の中間くらいに低層階のオフィスを借り、そこで仕事をしたい」

そうすれば、全員が20分以内の通勤で、仕事が安全かつ効率的にできる。もちろんその提案は、上層部で冗談のように取り扱われた。

ただ私は、本気でそう思っていた。

それが地震・津波であれ、天候による自然災害であれ、人為的な戦争・テロであれ、未知のウイルス蔓延であれ、有事になると、東京という都市は機能しにくくなる。私は、長くつらい通勤を体験し、その実感を強くしていた。

いまだから白状するが、私は、サラリーマンとしての出世の道を半ば諦める覚悟で、自ら希望して、当時、関西（千里）にあったメーカーショールームへ出向する道を選んだ。

職場は、大阪市郊外にある千里。住居は、閑静な西宮市（兵庫県）だった。

はっきり言って、そのときは、ようやく人が密集する東京を脱出できたという安堵感があった。

いまの日本社会の弱点は、「全てが東京に向かって流れる」という一極集中の社会構造にある。

一極集中というのは、情報を集中させて効率化を図るというメリットもあるが、その一方でモノゴトを均一化させ、バラエティーある行動を制限してしまうデメリットもある。

私に言わせれば、通信技術が進化した今日では、そのメリットよりもデメリットの方が、はるかに大きい。

この一極集中の流れは政治・経済の領域に留まらず、教育の面、特に大学教育に表れている。

せっかく国公立の大学が全国に分散しているのに、私立大学は東京、大阪及びその周辺に集中している。

そこで行われる教育というのは、一律のマス教育が中心になり、一番大切な人間の個性を伸ばすという教育が、どこかに埋没してしまった。

つまり小学校から高校まで、個性豊かな地方で過ごした生徒たちが、みな大都会の均一化された「社会人作りシステム」に巻き込まれてしまっているのである。

コロナとおカネ

2020年3月のことだった。

政府が、突然、何の議論もなく、全国の国公立学校の休校を宣言した。

これに全国の多くの私立学校が追従し、社会は混乱に陥った。なぜそんなに混乱したのだろうか。

それは一口で言えば、〝社会秩序の部分崩壊〟だったように思う。日ごろ、家にいないはずの子どもが家にいる。その子どもたちは、ろくに勉強もしない。もちろん子どもたちの面倒をみるために、一部の親たちは働きに行けなくなった。

これに対し、政府がさまざまな補助金を新設した。

その補助金の受給をめぐって不平等が発生……。こうして数々の不具合が、連日、テレビのワイドショーのネタになった。

その後、コロナによる学校の休校判断は、当時の専門家会議メンバーの助言を踏まえて行われるようになった。

さらに混乱に追い打ちをかけたのは、政府の「9月入学を検討する」というドロナワ式の検討計画ではなかったかと思う。

はっきり言って、日本社会にインフラ構造として根強く定着した入・卒業の時期を変更するというのは、おそらく国の選挙制度を改革するよりも難しいことだと思う。

もしそれを検討するとしたら、コロナ禍が落ち着いてから、少なくとも2、3年をかけて検討すべきだった。

休校になって、子どもたち、特に新入生の学習開始が予定より遅れた。

「じゃあ、入学を9月に延ばせばいいではないか」

そう考えた当時の安倍政権の人たちの短絡的な発想は、もはや論外と言わざるを得ない。

実は、それよりもっと恐かったのは、これと同じような調子で、国の重要な政策（予算）が次々と決められていったことだった。

当初のアベノマスク、その後の持続化給付金、家賃支援給付金、さらに第2次補正予算による兆単位の巨額の予算……。イメージで言えば、国民の税金が湯水のように使われる状況になった。

結局、これが本当に有効に使われたのだろうか。これは、いまでも国民の大きな関心事（心配のタネ）の一つである。

あのとき、子どもの小遣いみたいに簡単に決められた天文学的ともいえる国の巨額の予算（借金＝国債）は、これからいったいどの世代の誰が返済していくのだろうか。

そして今後も次々にやってくると思われる感染の第4波、第5波に対し、国は同じように国債を発行し続けるのだろうか。

言うまでもないことだが、日本という国は、資本（自由）主義を基本に成り立っている。つまり何を行うのも個人の自由だが、一方で、そこには自己責任が伴う。

もちろんこの際、社会に安心できるセーフティネットが必要だが、そこには誰もが納得できる平等性（普遍性）が必要である。

残念ながら、そのことが真剣に議論された形跡はほとんどなかった。

その後、実態のよく分からない団体に法外な手数料（国民の税金）が支払われたり、持続化給付金が、若者のゲーム感覚によって不正に支給されたり……。

その間、日本の政治、行政の非力さが目立った。

オンライン教育

学校というところは、元来、生徒が密な教室に密集し、密に交流する〝3密の場〟である。それなくしては、むしろ学校とは呼べない。

ところが新型コロナウイルスの方は、その状態（2、3密）でないと、勢力を維持・拡大することができない。

ならば、学校を閉じてしまえ。それが、一番の感染防止策になる。

その状況下で対策として考え出されたのが、オンライン教育と呼ばれるパソコンを使ってのスマート授業だった。

これがいまなお、時代の最先端を行く教育のようにもてはやされている。

私の孫2人も、偶然にこのシステムに乗ることになった。上の孫（女子）は4月に上京し、東京（三鷹市）の私立大学に入学する予定だった。しかし、それが9月、11月、さらに年を越して3月へと延期されていった。大学へ通いはじめるまでは、まだ一度も顔を合わせたことのない全国の同級生たちと一緒にオンライン授業を受けることになった。

また下の孫（男子）も、同じように4月に広島市内の私立中学校に入学した。ところが当時、学校は休校。それが再開された5月末までは、オンライン授業を受けていた。

特に4、5月は、2人が別々の部屋で、同時にオンライン授業を受けることになった。

それは、これまでの〝学校へ通う〟という常識から考えてみると、あまりに不思議な光景だった。

以下、オンライン教育の功罪について考えてみたい。

結論から書くと、オンラインで授業するということ自体が、学校教育の本質と根本的に相容れないようなところがある。

それを突き詰めて考えてみると、オンライン授業というのは、必要な情報をパソコン機能（技術）などを使って伝達し合うというコミュニケーション手段の一つにすぎないからである。

とりあえず表面的な情報は伝わるが、コトの本質（真意）というのは、なかなか相手に伝わらない。ところがオンライン授業が滞りなく進行したことによって、なんとなく良い教育ができたと錯覚する先生や生徒が増えてきた。

もちろん問題は、コミュニケーションがうまくできたかどうかということではなく、先生が教えたことが、どれだけ生徒たちに正確に伝わったかということである。

残念ながら、本人を目の前にしたナマの教育に比べ、オンライン授業では伝わるものに限界がある。

一方で、これが大人同士のビジネスの世界になると、ニュアンスは少し異なる。客観的な情報が正しく伝われば、コミュニケーションの大半が成立するケースが多いからである。

教育というのは、オンラインで表面的な情報を伝達すればよいというほど、単純なものではない。

つまりオンライン教育というのは、教育の本質とかなりかけ離れたところにある手法の一つだといえる。

これを領域別にまとめてみると、次のようになる。

① 実体中心のコミュニケーション（実業ビジネスなど）＝オンライン適
② 精神中心のコミュニケーション（宗教など）＝一部、オンライン可
③ 実体＋精神の複合コミュニケーション（教育など）＝オンライン不適

もちろんあの頃、実際に学校に行けなかった生徒たちのことを考えると、オンライン授業というのは一定の効果を上げた。また生徒たちが、ＯＡ通信機器の操作を習得できたことも大きな成果だった。

一方で、いろいろな家庭環境の生徒たちがいたため、実際に何らかの形でオンライン授業を体験できたのは、全体の20％以下に過ぎなかったというデータもあった。

この際、オンライン授業を受けた生徒と、不幸にして受けられなかった生徒との対応の格差の問題も指摘された。

また一部には、先生がＯＡ通信機器の操作に不慣れだったため、授業ができなかったというケースもあった。先生の側にも、いろいろなタイプの先生がいる。

これらを総合的に評価すると、次のようになる。

「便利に教育を行うということと、効果を上げるということに相関はない。むしろ、困難な状況で教育を行う方が、教育効果を上げることの方が多い」

読者のなかには、次のような経験をした人がいると思う。

多くの図書に囲まれた静かな広い部屋で「さあ、勉強しなさい」と言われても、なかなか身につかない。

ところが雑然とした台所の片隅で、幼児の泣き声やテレビ音を聞きながら勉強すると、驚くほど内容が頭のなかに入る。

元来「勉強する」というのは、そういうものなのである。本当に知りたいと思ったら、そのやり方や周囲の環境などは、どうでもよいのだ。むしろ、美しい環境や立派な機器が、勉学の邪魔をすることがある。

そういう意味で、機材を使って立派に形を整えたオンライン教育というのは、見た目ほどの効果は期待できないのである。

コロナ社会に生きる

繰り返すが、これからの社会は、天変地異のような自然災害が起きても、どこかの国からミサイルが飛んできても、はたまた強力なウイルスが蔓延しても、決して驚いてはいけないのだ。

それが、無数に近い動・植物の棲む地球という星の宿命だからである。

その昔、日本では『日本沈没』というSF小説（映画）が大ヒットした。また米映画『猿の惑星』は、世界市場を席捲した。

もちろん実社会でも、世界各地で頻発する地震や豪雨災害、そしてこのたびのコロナ禍などを考えると、もはや何が起きても不思議ではない。

そういう状況下で、日本の教育の画一化には大きな問題を感じている。そのことが、これら有事に対処するための知力を弱め、それらに立ち向かう気力と意力を弱めていると考えられるからである。

この地球上で、シンプルに解決する問題などは何一つない。全てが、人体の毛細血管みたいに複雑に繋がっている。

大切なことは、目の前で何が起きても、それらに柔軟に対応できる知力と意力を備えておくことである。また、それらを支える強い気力も必要である。

それらの能力は、一朝一夕に習得できるものではない。人々が交流し、ときに喜び合い、ときに激しく議論し、ときに涙を流し……。そういうプロセスのなかから、刻知れず、自然に育まれてくるものなのである。

それらは決して、見映えのよい教育設備やオンライン画面から生まれてくるものではない。私たちは、幸か不幸か、人類史上稀にみる災害（コロナ禍）によって、そのことに気付かされた。

これを最高の教材にすることができるかどうか、そこが問われている。

私は以前、あるメディアで「コロナテスト」という言葉を耳にしたことがある。これは各国の指導者が「この難局に国としてどう対処するのか、テストを受けている」といったような意味だった。

確かに、この種の難局を乗り越えるために一番大切な役割を果たすのが、国家という枠組みである。特に、そのリーダーの役割は大きい。

この際は、まず国家が指針を示し、全体として動く。次に、個人が自らの見識で行動するというのが、基本的な仕組み（プロセス）になる。

つまり有事においてこそ、本当の政治（国家）の力が試されることになる。

この際、政治パフォーマンスや政党の駆け引きなどは、ウイルスの終息に対し何の役にも立たない。

学校と精神性

コロナ時代になって、急に感じはじめたことがある。

私は、俗世に〝神さまはいない〟とする合理的な考え方を否定しない。

人間にだけ神さまがついているという考え方は、あまりに楽天的ではないかと思うからである。

そこに存在するのは、祈る人間だけ。言ってみれば、祈る人間の心のなかに神さまが形成されるのである。

人間は一人ひとりが、みな心のなかに神さまを内蔵し、潜伏させている。神さまは、いつも人々の心のなかでジッと出番を待っているのだ。

現代人なら、ほとんどの人が何らかの願いを持っている。現世というのは、その一人ひとりの願いが、宙に舞っているような状態である。

だから、それらを成就するために、願い、祈る。そして現実に、努力し頑張ることによって、心のなかで眠っていた神さまが降りてくる。

「神が降りてくる」

この状態が、ガッツ先生の言う〝運〟ということであろう。

全国にある神社というのは、全ての人に祈りの場を提供し、祈りの機会を与えてくれている。それは神社であっても、寺院であっても、教会であってもよい。

実のところ、全国にある学校というのは、それと同じような性格を持ち、その構造がより機能的になっている。

本当の教育というのは、実社会のなかに無数に転がっている。しかし、それだけではどうにも整理がつかない。

定期的に学校に通い、きちんとステップを踏んで順次、学習していく。そして徐々に、人として生きていくための知識と能力を身につけていく。

因みに、明確な規定があるわけではないが、日本の教育制度は、おおよそ次のようになっている。

初等教育＝幼稚園、小学校などが行う教育

中等教育＝中学校、高等学校などが行う教育
高等教育＝専門学校、大学（2年・4年制）、大学院などが行う教育

この日本の学校制度について、最近『サコ学長 日本を語る』（朝日新聞出版）という本を読んだ。著者は、京都精華大学のウサビ・サコ学長（マリ共和国出身）である。

私は、たまたま同じ名前ということではなく、日本の大学について、これほど自分と似ている考え方を持った人に出会ったことがない。

その第6章の冒頭の一文である。

「学校というものに対する日本の人々の過剰な期待感に、私はビックリしている。なんだかわからないけれど、とにかく日本人は学校が大好きなのだ」

私は外国人ではないが、やたら共鳴する部分が多かった。

この際、日本の教育制度に誇りを持つ一方で、コロナ時代を迎え、固まってしまった日本の教育インフラにとらわれない思い切った意識改革（国際化など）も

必要なのではないか。

スコラ学

ご存知だろうか。学校という意味の英語「school」の語源になったのは、ラテン語の「schola（スコラ）」である。では、その「schola」というのは、いったい何を意味しているのだろうか。

それは、西洋中世の教会・修道院の教師たちによって担われた「スコラ学」から派生した言葉である。

その「スコラ学」というのは、主に教父から継承したキリスト教思想とアリストテレスなどの哲学を融合させたスコラ哲学と呼ばれる学問のことを指している。

一方で、日本の教育に目を転じてみると、江戸時代にはじまった庶民のための「寺子屋」に、学校の原形を見ることができる。

そこでは僧侶、神職などが教師になり、地域に住む子どもたちに必要な知識を教えていた。いわゆる手習い、読み方、ソロバンなど、いまの初等教育機関に近い役割を果たしていたと考えられる。

現に昭和21年生まれの私は、小学生（低学年）の頃まで、近所のお寺の「日曜学校」に通っていた。

そこでは毎週日曜日、学校の授業とは別に道徳的なことを教わった。

私は〝悪いことをしてはいけない〟という人間としての当たり前の感覚を、その頃に体のなかに沁み込ませたと思っている。

いまでも全国にミッション（キリスト教の宣教）系の学校、仏教系の幼稚園などが多数ある。

教育というのは、元来、底流にその〝こころ〟（精神）が流れていなければ意味がない。

2つの教訓

日本で新型コロナウイルスが蔓延しはじめてから今日まで、テレビ画面で、しつこく見せられた画像がある。

それは、確たる研究機関が公表した複数の新型コロナウイルスの実際の姿（静止画像）だった。あれは実際のウイルスを約１００万倍に拡大したもので、もちろん人間の肉眼では見ることができない。

その目に見えない空気のようなウイルスによって、私たち人間の生活はガラリと変わった。人間社会の弱いところが、あぶり出されたと言ってもよい。

このウイルスが、いつこの世から姿を消すのか誰にも分からない。ただこれから人間の意識レベルを超越して生き続けることも考えられる。

つまり、たとえ有効なワクチンや治療薬が開発されたとしても、ウイルスが完全に消滅することは考えにくいのだ。

その根拠の一つになるのが、14世紀に欧州で人口の30〜60％が死亡したとされる感染症「ペスト」のケースである。

もちろん当時は、各国の人口統計の考え方が整備されておらず、正確な数字はいまでも分かっていない。

そのときは中国で発生した敗血症ペストが、シルクロードを経由し、イタリア北部に伝播。その後、欧州全域に広まった。

この伝播ルートは、21世紀の新型コロナウイルスのケースに酷似している。

その頃、人々はどのように生きるのかを強く意識するようになった。そして、人々の価値観は大きく変わり、のちにルネサンス運動へと繋がっていく。

そのペストが、再び17世紀にロンドンで大流行した。そのときは大学が閉鎖され、学生たちはみな地方へ疎開させられた。

さらに18世紀にはフランス（マルセイユ）で大流行。その頃から、社会を包括した検疫や衛生面での対策がわずかに施されるようになった。

それでも19世紀末。またもや腺ペストが、中国を起源として香港で大流行。

こうしてみると、目に見えない菌やウイルスを人間の力で完全に消滅させるのは、大変難しいのである。

もう一つの事例は、第一次世界大戦中（1917〜20年）に2000〜5000万人の命を奪ったとされる「スペイン風邪」である。

このときは各国軍の兵士が多数感染し、戦闘継続が困難になるケースが頻発した。つまりスペイン風邪の大流行が、戦争終結を早める要因になったのである。

スペイン風邪は、３つの波に分かれて世界的大流行（パンデミック）を引き起こした。そして、世界人口の3割に近い5億人が感染した。

実は、これら二つのケースが教えているのは、極めてシンプルな教訓だった。たとえワクチンや治療薬が開発されたとしても、ウイルスや菌は、機を得て再び活性化してくる。

感染を防ぐためには、人と人が触れ合わないこと。清潔にすること。しっかり検疫をすること等など……である。

これほど近代医療が整ったと思われる21世紀社会でも、その基本は全く変わっていない。

今日でも「ウィズコロナ」（コロナとの共存）という言葉がフツーに使われているが、対策の基本は、やはり密度の低い分散型社会の実現なのである。

これからの日本社会

言うまでもないが、災害というのは、お金持ちであろうが、有名人であろうが、フツーの人であろうが、平等に降りかかってくる。

ところが被災という意味で言えば、必ずしも平等になるとは限らない。

なぜかと言うと、元々あった社会の構造や制度の矛盾が露呈し、それをきっかけにして個々人の格差がいっそう拡大するからである。

つまり弱者には、厳しい。

長くつらい自粛生活が続いていた頃、多くの人たちが「あの頃の生活に戻りたい」と願った。

しかしよく考えてみよう。私たちの社会は、果たして「元に戻りたいような社会」だっただろうか。

この点について、私は「もう元に戻る必要はないのではないか」と思っている。

この際なので、コロナ社会の在り方のようなものについて、私見（提言）を4

つにまとめてみたい。

(1) 低成長社会の実現

これまで世界の経済活動は、20世紀後半からはじまったアメリカ型のグローバリズムを是とする成長主義が基盤になっていた。日本の年金制度や、少子高齢化を否とする右肩上がり至上主義もその流れの一つだった。しかしコロナ時代に入ると、これらが機能しにくくなる。人口減少、低成長でも社会が回るシステムを作らなければ、国家の存続が危うくなるのだ。これが政府、学者、経済界などが一体になって取り組むべき緊急の課題になった。

(2) 分散型社会への移行

かつて大ヒットした『東京砂漠』という歌が、いまは「東京差別」という替え歌に代わった。東京に住んでいるというだけで、地方の人たちに嫌われる。もはや政治・経済だけでなく、庶民の生活レベルまで一極集中の悪影響が認識されるようになった。首都機能の地方都市への移転、大企業の分散などによって、早急に日本全体がイキイキと有機的に動く形を創らなければならない。

（3）幸せの定義

私たちは「便利になること＝幸せになること」と勘違いしていた。コロナ時代になると「便利になること＝不幸になること」が多い。また3密を避け、ソーシャルディスタンスを確保することも当たり前になってきた。そうなると、集まることを基本にしていた人間の価値観は、大きく変わってくる。地方での自給自足を基本にした里山資本主義、独りぼっちレジャーなど、人々の幸せの定義も変わってくる。

（4）教育システムの改革

教育の世界でも、ただキャリアを積むだけのために学校に通うというのは、時代遅れになった。この際、コロナ社会における学校教育の再定義が必要になってくる。さらに子どもの教育だけでなく、保護者の教育も必要になるだろう。教育というのは、社会から求められる人材を育てるシステムであること。全ては前記（1）〜（3）の脈絡に沿った上位概念でなければならない。

ライフロング・ラーニングとは？

コロナ時代になってから、やたらと多く教育に関する意見に接するようになった。

その一つが、一部の起業家たちが唱えた「ライフロング・ラーニング（一生涯続く学び）」という考え方だった。

そもそも1カ所（学校）に集まって、そこで1から10まで全てを学ぶというやり方は、時代にそぐわないのではないかということである。

人間というのは、学びたい人が、学びたいときに、学びたいことで学べばよいという発想である。

確かに、公的教育といえども、その時代に生きた人たちが決めたもの。決して人類普遍のシステムではない。

むしろ子どもたちを年齢で括り、規則や服装まで統一して、同じような教科書を使って考え方や行動を標準化してしまうのは、弊害なのではないかということである。

では、人々はいったいどこで、何をどのように学べばよいのだろうか。彼らは言う。もし環境問題を学びたいのなら、ゴミが浮いた海を見に行く方が、よほど実効性が高い。

もし農業を学びたいのなら、田んぼや畑を耕したり、そこでトマトやナスを栽培したりする方がよほど多くのことを学べる。

つまり彼らにとって、「仕事」と「学び」、「仕事」と「遊び」、さらには「学び」と「遊び」の境目など必要ないのである。

私自身、この考え方が大好きである。特に、現場主義というところが、どこか教育の本質を突いているように思えるからである。

〝遊び〟が社会を創る

ところが、それでも私の考えは大事な1点において、決定的に異なる。

それは学校という〝場の在り方〟である。みなが集う場というのは、やはり必要なのではないか。そこに社会の縮図があると思うからである。

例えば、学校におけるいじめは絶対にあってはならないが、いじめの少し手前くらいまでは、むしろ体験すべきだと思う。そのことによって、リアルな社会が実感でき、〝やってはいけないこと〟と〝やってもいいこと〟を自分で分別するようになるからである。

くり返すが、現時点で、日本の教育制度は小学校、中学校、高等学校、大学（専門学校）、大学院と順を追って進んでいくことになっている。

そうなると、短い人で6年＋3年＝9年（義務教育）。多くの人で＋3年＝12年（高卒）、さらに＋4年を積んで16年（大卒）。また専門的な学問を目指す人なら、さらに4年を積んで丸20年も学校に通うことになる。

私は学校に通って、ムダなことは何一つないと思っている。むしろムダと思われるようなことが、社会の活力源になっているように思う。

誤解を恐れずに書くならば、戦後の日本経済の成長を支え続けたのは、大学でろくに勉強もせず、遊びに夢中になっていた人たちだった。

私の友人のなかには、大学の講義にはほとんど出席せず、学生生活の大半を海や山で過ごし、社会に出てから大企業の役員になった人がいる。

時折のクラス会での、彼の口ぐせである。

「お前ら、よう真面目に頑張っとるのう」

彼は60代後半の若さで亡くなったが、その太く短い人生（生きざま）は、世界を股にかけたモーレツ昭和人の典型だった。

はっきり言えば、当時の日本の大学生はあまり座学の勉強をしなかった。一度もゼミに出席しなかったのに、なぜか卒業した人だっている。

そんな人のなかに、優秀な人材が埋もれていた。

実のところ、このシステムが、社会に阿吽のスキ間〝遊び〟を作り出し、そこに力を溜めて、全体を活性化していったのではないかと思う。

成長する社会にとって、人や人材の余力というのは、殊のほか大切だった。

大学というのは、そういう学生たちがたくさんいる方が面白い。できれば、首席で卒業しない方が、その先が開けやすいのである。

あしかけ9〜20年に及ぶ日本の学校教育制度。

長い時間をかけ、国を挙げて編み出したこの巨大なシステム（ムダ＝遊び）が、全国の津々浦々でスキ間（余裕）を作り出し、得体の知れないエネルギーになって、日本の基盤を支え続けた。

コロナ時代に入ったいま、改めて、あの時代の大らかさ、しなやかさ（柔軟性）みたいなものが持つ底知れぬパワーを感じている。

尊敬される国

長々と書いてきたコロナ時代の生き方。

考えてみると、日本古来の生活様式で言えば、そもそも人前でのキスやハグはもってのほか。握手の習慣さえなかった。

子弟関係で言えば、良し悪しは別にして「三尺下がって師の影を踏まず」。つまり知らず知らずのうちに、適度なソーシャルディスタンスが保たれていたのである。

また明治時代から脈々と続く学校教育には、〝適切で心地よい距離感〟がベースになっていた。そこに阿吽の繋がりがあった。

さらに木や紙を素材にした日本式の家屋は、そもそも通気性の良い空間を基本としており「密」になりにくかった。

つまり日本社会というのは、はじめからコロナ対策ができていたのである。

よく誤解されるが、「国」と「国家」は別物である。

国というのは、私たちが住んでいる海、山、川などの自然を含む土地柄や、そこに住む人々のことを指す。

一方で、国家というのは、時々の権力者がデザインすることが多く、体制や社会システムを含む運営主体のことを指す。

この際、国家というのは、記録することによって過去を振り返り、将来を予測しながら進むことができる。

2019年のこと。公文書の破棄や改ざんなどが相次いだ。これは憲政上ありえない最悪の事態だった。そのことに気付かない政治家や官僚が多かったのも、大きな問題だった。

政治家や官僚には自分を律する精神的な闘いが必要であり、そのためには国家を挙げた教育が不可欠になる。

これをもっと分かりやすく、具体的に書いてみよう。

人々が安心して暮らすためには、国家を健全に運営していくための太い〝骨格(形)〟が必要になる。

私は、その骨格を形成するのは①国民が納める税金の体系、そして②税金を収める人たちと、それを使って采配を振るう人たちの資質の教育ではないかと思っている。

つまり国民からどのようにして税金を集め、それをどういう人がどのように運用していくのか。これが国家の特長を創る。

言ってみれば、税金を納める国民、それを使って国家・地方を運営していく人には、それなりの資質・見識が求められる。教養というか、ある種の矜持も必要になってくる。それは正しい教育によって育まれる。

この2つの骨格がしっかりしている国は、世界の人たちから尊敬される。いま日本は、それに最も近い数少ない国の一つではないかと思う。

しかし眼を大きく見開いてみると、現在進行中の政治は、あまりにみすぼらしい。「桜を見る会」のやりとりなどを聴いていると、まるで江戸時代のようだった。

いま与党内の力関係だけで決められた国家のトップは、大切な国家ビジョンを示さず、野党は政権奪還のための批判だけを繰り返している。

人間の歴史を俯瞰してみると、古今東西、危機というのは、変革の大きなチャンスになってきた。そういう意味で、いま日本は大きなチャンスを迎えている。

私たちは、コロナ危機を乗り越えるだけでなく、国家として、新しい生活の在り方みたいなものを模索していく時代の入り口に立っている。

第8章

愛の教育をもう一度

――鶴虎太郎

2020年2月のことだった。

私は一緒に働いていた幾人かの先生から、手紙や電話をもらった。その内容は、全て同年3月の転職の知らせだった。

手紙のなかには、それぞれ丁寧な感謝の言葉が綴られていたが、私はむしろ申し訳ない気持ちでいっぱいになった。

以下に、その理由を書く。

遡って2019年5月。学校法人の理事会において、大学及び大学院の各学部・各研究科の2020年度以降の学生募集を停止することが決定され、発表された。

このニュースは、地元（広島）に小さな衝撃を与えた。

もちろん同年度の入学生を含む、全ての在学生に対しては、彼らが卒業するまで現在の教育環境を維持し、責任をもって就職支援などを行っていく。

また大学廃止後も、各種証明書の発行などは、学校法人の組織内でしっかりと対応していく。つまり手続き的には、あまり大きな問題は生じない。

ただ3年後に現在の大学が、社会から消滅することについて、その意味は決して小さくない。

この際、学生たちの心理面に埋められない穴（拍子抜け感など）ができたとしても、彼らに直接その被害は発生しない。

ところが、そこで永く働く予定だった教職員にとっては、かなり深刻な問題である。彼らに、新たな職探しが必要になったからである。

あれ以来、私が心を痛めていたのは、その点だった。

しかし共に働いてきた先生方は、みな逞しかった。次々と、別の大学の求人に応募し、採用されていった。

そんななか、逆の流れもあった。

私が在職中に、修士論文の指導などを担当していたK君（院生）は、その後、卒業してからも大学で研究活動を続けていた。

彼からの手紙には、こう書いてあった。

「2020年4月1日から3年間の任期付専任講師として、広島国際学院大学に採用されました。本学は3年後、在校生が卒業した段階で閉校になります。それまでに他大学に移る必要がありますが、とりあえず母校に就職することができて、とても喜んでいます」

こうして我が愛する大学は、「行く人、来る人」で、少しだけにぎやかになった。この点について一抹の寂しさはあるものの、その一方で説明のしにくい、かすかな希望のようなものを感じている。

考えてみるに、長い人生、いろいろなことが起きる。しかしどんな状況になっても、しっかりとした自分の道標をもっておくことが大切である。

「がんばれ、K君。そして、予期せぬ状況に直面した学生たちの未来に明るい光を！」

教育は愛なり

広島の私学教育を語るとき、忘れてはいけない人物がいる。

それは2023年3月31日をもって閉校する広島国際学院大学の創立者・鶴虎

太郎（1870―1951）である。

虎太郎は、福岡県柳河町（現柳川市）に生まれ、その後、広島に移り住み、貧しい人々に数学を教えることを志した。

そのいきさつは後で紹介する単行本に譲るとするが、その虎太郎が、直接の創立者となった学校は、現在の広陵学園（広陵高等学校）、広島国際学院（大学、大学院、専門学校、高等学校、中学校）である。

広陵学園（高校）は、甲子園で春夏10回も決勝進出を果たした高校野球の名門校として知られている。

さらに虎太郎を校祖とする学校が、鶴学園（広島工業大学、専門学校、高等学校、広島なぎさ高等学校、中学校、なぎさ公園小学校）である。

鶴学園は、1956年に虎太郎の四男である裏が創設した「広島高等電波学校」をはじまりとしている。

これら3つの学校グループは、いずれも虎太郎の「教育は愛なり」という言葉を建学の精神にしている。そのため、それぞれ校門の入り口付近に、この言葉

（文字）を刻んだ石碑が建っている。

また、かつて広陵中学から分かれて設立された広島山陽学園（山陽高等学校）、石田学園（広島経済大学）も虎太郎との縁が深い。ただ、これらの学校においては別の建学の精神が存在する。

2017年のことだった。私の手元に1冊の単行本が届いた。その本は『愛の教育者　鶴虎太郎』（書肆クラルテ刊）だった。著者は、私と同じ時期に教壇に立っていた磯部卓三（2代目現代社会学部長）と栗原理（現広島大学客員教授）である。

もちろんこの出版の話は、現役時代によく耳にしていた。しかし本当に1冊の本にまとめられたことについては、尊敬の念を禁じ得ない。

さらに別の日。この本について谷口重徳准教授（甲南女子大）の書評を読んだ。彼もまた我々の良き仲間だった。

次に紹介するのは、その単行本と書評に書かれた、私学の教育者として大切にすべき教えである。

無処罰主義

まず、これまで虎太郎の言葉として伝えられてきた「教育は愛なり」について、磯部と栗原は、これまでにない見解を披露している。

それによると、この言葉は虎太郎自身が口にしたり、書いたりしたものではないという。同書によると、これは虎太郎に学んだ生徒や、彼に触れた人たちが、のちに彼の教育方針を後世に語り継ぐために言葉にしたものである。

その心は、虎太郎は「愛を語るよりも、愛を実践した人」だったからである。

では語り継がれてきた「教育は愛なり」という言葉は、具体的にどう解釈したらよいのだろうか。

この点については、谷口の書評が参考になる。

彼が注目して指摘したのは、次のような文章（内容）だった。

「悪いことをした生徒に対して、校長だった鶴はそれを処罰するのではなく、生徒の悪行に対して涙を流したという。自分のために涙を流す校長を見た生徒は、深く驚き、忘れえぬ経験になった」

つまり〝無処罰主義〟を貫いた虎太郎は、素行の悪い生徒にとことん付き合ったのである。

磯部と栗原も、この点についてこう記述している。

「現実を受容し、そこに立って自分に何ができるのかを考え、実行するのが鶴(虎太郎)である」

ここに教育にとって、重要な示唆がある。

実は、虎太郎が創った学校というのは、みな「人格と人格が交流する精神的なコミュニケーションの場」であることを理想にしている。

そうした場で生き生きと若い日々を暮らす体験こそが、学生・生徒たちにとって生涯の財産になるというのである。

その後、大学を去ってから改めて大切なことに気がついた。

私は、この本を読んでから「ガッツ石松プロジェクト」を考えたわけではない。

しかし偶然にも、その考え方と行動が、虎太郎のそれと一致していた。

虎太郎の想い

虎太郎は、人としての人格教育を重んじた。

そのため彼は、広陵中学を興したあと、毎週月曜日の第一時限目に訓話をしていたという。

残念ながら、その訓話をまとめた資料は残っていない。しかしその後、教え子たちによってまとめられた「鶴虎太郎語録」が、鶴学園展示室に残っている。

特に、そのなかから大切な言葉を7つだけ紹介しておく。

①苦労を煩うな。富貴栄門がひとり幸福ではない。

②いたずらに理念を追わず現実に生きよ。平凡事のなかから真理を探せ。

③青少年が自由に考え、自由に討論することをすすめる。

④学校では善人をつくりたい。それは私にできることと信じる。

⑤私は自由を愛するように勤労青少年を愛する。

⑥勤労すなわち教育。教育すなわち生産である。
⑦法悦は常に苦中にある。

「学校法人　広島電機大学７０年史」より

ところで、なぜ虎太郎は電機学校を開設したのだろうか。

この７つの言葉を読んでいると、うっすらとその意図が見えてくるような気がする。

日本は第一次世界大戦のあと、国が総力を挙げて電化事業を推進し、それを国策にしていた。

当時は、西洋の先進国に負けないよう鉄道の電化、電気製品の開発競争が激しさを増す時代だった。

虎太郎は中等教育において、その社会ニーズに応える人材を育成しようとしたのである。その際、一番大切だと思ったのが、勤労する若者の人格教育だったのではないかと思う。

もちろんそこには、彼の教育者としての持って生まれたネイチャー（資質と本性）があった。

不揃い教育

我が大学は、日本社会の骨格を支えるような東京大学や京都大学ではない。また同じ私立大学でも、豊富な人材で社会の主要な構造に活力を与えるような早稲田大学や同志社大学でもない。

もちろん本学にも、そういう学業の優れた学生がたくさんいた。しかしその一方で、そうではない学生もいた。

実は、むしろそのことの方が大切で、意味のあることだったように思う。教育において、特に大学教育というのは、学生たちを一定レベルにきちんと揃えることではない。レベルはまちまちであっても、個性を活かし、一人ひとりを少しでも高いレベルに引き上げることである。

かつて国民的大スターだったＳＭＡＰが２００３年に発表した『世界に一つだ

けの花』は、そのことを素直に歌っていた。

「ナンバーワンではなく、オンリーワン」は、仏教で教える「天上天下唯我独尊」に通じている。つまり同じ地に、人と人が相対的に生きるときの基本のようなものである。

たまたま、私が在籍中に採用した英語のM先生（アメリカ人）の言葉が、いまでも忘れられない。

入試の英語の点数に関し、彼はいつも教授会でこう主張していた。

「英語の点数は気にしないでください。どんな点数であっても、ボクが必ず話せるようにしますから……」

当時、入試の成績が悪いとして、不合格にすべきと主張していた先生方がたくさんおられたなかで、彼の発言には本当に救われた。

私が、常々こう話していたからである。

「私立大学で、入学金を持って門前に来た人を追い返してはいけない。意思（意欲）ある人は、全て受け入れる」

いま本当に必要なのは、どんなステージの学生であっても責任をもって育てていく、そういう大学ではないかと思う。

病臥の教室

おそらくここまで書いても、まだ「教育は愛なり」を本当に理解する人は少ないかもしれない。

なぜなら、いま日本で行われている教育を本当の教育だと思い込んでいる人が、あまりに多いからである。

そこで、その本質のところを少しでも理解してもらうために、広島の教育界で伝説になっている話を紹介しておきたい。

1905年のこと。当時、広陵中学校の設立に奔走していた虎太郎が、重い病にかかった。それは下半身がマヒ状態になる脊椎カリエスという難病だった。

それでも、虎太郎は学びたいという生徒のために教えることを止めなかった。

虎太郎が数学教師として才能に恵まれ、教え上手だったこともあったが、それよ

病床で授業をする虎太郎

り何より、虎太郎に強い意思と、生徒を惹きつける魅力があったからである。

この状況のため、虎太郎は闘病中でも授業を続けた。彼は、自宅の床に横たわったまま授業したのである。

当時、部屋の壁に黒板を取り付け、天井から定規などの教具を吊り下げて授業を行う様子（写真）が記録として残っている。

この写真は、「鶴校長 病臥の教室」として全国紙でも紹介された。

実は、当時、同志社を創設した新島襄にも、教室で授業が困難なときに生徒を自宅に招いてベッドの上で講義したという話が伝わっている。

言ってみれば、新島襄も虎太郎も、教えることに命をかけていたのである。

この教えの精神というのは、どこか日本の「道」という概念に繋がっている。日本にはお茶を飲むための「茶道」、花を生けるための「華道」、書をしたためるための「書道」などが存在する。

スポーツの世界でも、剣を持って「剣道」、帯を締めて「柔道」、矢を射て「弓道」ということになる。

つまりどんな行為でも「道」が必要であり、その主体となる人の深い人間性、精神性が求められるのである。

そういう意味で、他人に教育を施す場合でも「教育道」のようなものが必要になる。

つまり、どういう思想・考え方（心構え）で、どういう準備をし、どういう教育を施すのかということである。

虎太郎は、その後、強靭な精神力で、奇跡的に重い病から回復した。

その頃、同じように肋骨カリエスを患っていた若き劇作家・倉田百三（1891—1943）が、虎太郎の生きざまに励ましを見出し、そのなかで『出家とその弟子』を書いたという話も伝わっている。

躍進する高等学校

私は大学在籍8年間のうち、後半の6年間、常任理事を務めた。これは学長、各学部長、短大部長、校長の必須の仕事だった。そして退職後の2年間もまた、理事を務めることになった。

理事会というのは、元国会議員（大臣経験者）、現役の弁護士、地元の町長、それに会社役員など、多士済々のメンバーで構成されていた。

その間、理事会でどんなことを協議していたのかというと、大半は、3学部を擁する4年制大学の立て直し計画だった。

もちろん学校法人内には、定期や不定期で、さまざまな問題が発生する。そのため、その都度、時間をかけて協議していた。

ただ協議する時間の長さという意味ではなく、常に理事たちの頭のなかに鎮座し、その方向性を探っていたのが大学の立て直し計画だった、という意味である。その経緯については、守るべき勤め人のマナー、それに役職における守秘義務があるので、ここで詳細に明かすことはできない。

しかし、そのときの総体的な流れについては、その範疇に入らないと思う。後世の人々や教育界のために、その経緯を私が知る範囲内で簡単に書き残しておきたい。

そのことが、これからの教育機関の在り方を考えるうえで、貴重な示唆になると思うからである。

本大学（4年制）が厳しい環境に置かれていたことについては、何度も書いた。しかしその一方で、高等学校の方は、比較的、順調に運営されていた。

1948年の学制改革により、広島電機学校から広島電機高等学校へ移行。さらに1999年には広島国際学院に改名した。

あまり知られていないが、あの矢沢永吉は、広島電機高等学校の出身である。改名後の高等学校の躍進は目覚ましかった。私は、同校に浸透していたと思われる鶴虎太郎の教えも無縁ではなかったと信じている。ともかく先生方の教育に対する情熱は素晴らしかった。

決して進学校ではないのに、いまでは東京大学、京都大学などを目指す生徒も増えてきた。また県内有数のスポーツ校でもある。

在学中の2015年に日本アマチュアゴルフ選手権を史上最年少で制覇し、全英オープンやマスターズにも出場した金谷拓実（東北福祉大）は、2019年の三井住友VISA太平洋マスターズで、松山英樹以来4人目となるアマチュア優勝を果たした。

彼は、2020年にアマチュア世界一の称号である「マコーマックメダル」を獲得し、その後、プロに転向。その3戦目（ダンロップ・フェニックス）で、早くも通算2勝目を挙げた。これからしばらくの間、日本のゴルフ界をリードしていくことになるだろう。

またアマチュアにして一時、女子ボウリング界の第一人者になった石本美来（現広島JFEスチール）も同校出身である。

彼女は2018年のジャカルタ・アジア大会で、マスターズ戦女子で日本人初の金メダルを獲得した。

団体スポーツでも、2014年に陸上部が全国高校駅伝大会（京都）に出場した。

さらにゴルフ部（男子、女子）、野球部（硬式、軟式）なども、毎年のように全国又は県予選トップレベルで活躍している。

つまり高等学校は、長い時間をかけて、文武両道の優良校になったのだ。

中高一貫校

こうなると、学校法人としては、ドル箱になった高等学校を中心にして運営（経営）していくというのが王道になる。

実は、1998年に法人名を「広島国際学院」に変更することを決定したときの基本戦略は、大学を頂点にして、付属高校から一定の入学生を安定的に受け入れるという考え方がベースになっていた。

ところが大学の社会的評価は思ったほど上がらず、一方で高等学校の評価は右肩上りに上昇していったのである。

理事会の議論は「この状況下で、どうする?」ということだった。この際、誰でも分かることだが①大学を立て直すか②高等学校を軸にして再編成するかのいずれかである。

長い議論の末、理事会は後者の道を選んだ。私が理事を辞したのは、その方向性がおおよそ固まりはじめた2015年12月11日の理事会でのことだった。

退任理由は、理事会メンバーとして大学サイド(高等教育)の人材よりも、中高校サイド(中等教育)の専門家が求められていたことに尽きる。

いまでも思う。私が一席を預かっていた理事会というのは、極めて正常に機能する意思決定機関だった。

メンバーはみな、大人(紳士的)で良識的で、その意見を聴いているだけで心が洗われるようなときもあった。

いつも近くに座らせてもらった故・谷川和穂さん（元法務大臣）からは、理事会終了後に、みんなでご高説を聴かせてもらったこともある。

もちろん私が退任したあとのことだが、理事会が正式決定したのは「大学と大学院の廃止。それに代わる中学校の新設」だった。

つまり新たに学校法人の経営の柱として、優れた中高一貫校を作り上げ、より大きな社会貢献をしたいということだった。

こうして2019年4月。高等学校の敷地内に「広島国際学院中学校」が開校した。

その校舎は、まるでトレンディードラマのセットみたいな近代的で洒落た施設（ホール、図書館、食堂など）を備えている。

そして同年、大学と大学院の学生募集の停止が発表された。

ちなみに大学のなかでも比較的、安定して学生を集めていた自動車短期大学部は、2020年4月1日から、校名を広島国際学院専門学校とし、50年を超える短期大学部の歴史（遺産）を引き継ぐことになった。

これからは地域の自動車産業と社会に貢献するため、次世代を担う自動車整備士たちを養成することを目指す。

ここに誇りをもって書いておく。

私が勤めた学校法人は、経営が苦しくて、やむなく大学の門戸を閉じたのではない。それは未来を見据え、社会を見据え、教育機関としてあるべき姿を模索したなかから生まれた知恵と努力の結果だったのである。

その意思決定の根底に流れていたものは、いまから90年前に、広島の地で真の教育を目指した鶴虎太郎の高邁な思想だった。

私立大学の経営

あくまで一般論として書く。全国に587もある私立大学の経営というのは、おおよそ次のような収支構造で成り立っている。

まず収入の柱になるのは、何といっても学生・保護者が収める入学金、授業料などである。どの大学でも、これがメインの柱（資金）になる。

その納付タイミングは、通常の商品・サービスなどとは違い、前払いであるのが特徴的である。

次に収入の柱になるのが、国庫からの補助金（私学助成金）である。この額は、時々の教育政策や在籍する学生数などによって変動があるものの、私立大学の経営にとってのインパクトは非常に大きい。

他にも各種活動による事業収入、雑収入、寄付金などがあるが、これらが経営に与えるインパクトは小さい。

これらの他に、あまり知られていない話がある。どの大学でも、時々の経営状況と社会・経済情勢を照らし合わせながら、多少の資産運用を行っている。

つまり有価証券などを保有し、これを売買することによって、できるだけ経営の赤字を出さないように工夫しているのである。

ただこの手法は、あくまで短期的に経営を支えていくためのものであり、長期にわたって常時運用していくのは、あまり好ましくない。

一方、支出の方である。

やはり圧倒的な比率を占めるのが、教職員に支払う人件費である。この比率は、小規模な大学ほど高くなる。

次に大きな比率を占めるのが、教育・研究費である。特に有名私立大学では、我々のような地方大学とは、ケタが違っている。もちろんここには、個別の活動費、教材費、旅費交通費などが含まれる。

さらに支出のなかで一定の比率を占めるのが、キャンパス内の施設の維持・管理費などである。もちろん国が指定した教育機関なので、土地、建物などの固定資産の優遇税制はあるものの、日々の流動費は別である。

私立大学の収支構造の骨子というのは、おおよそこうなっている。

そこで誰でも気付くことだが、私立大学を安定的に経営していこうと思えば、常に良い教育を施して、それを世間に周知してもらい、一定数の入学者を維持し続けることしか道はないのである。

つまり一般企業とは違って、一発逆転の奇策は通用しにくい。

民間企業との違い

私は計10年間、大学の仕事に携わった。

正直に書くと、大学(教育界)というところは、その前の32年間の自動車会社勤務に比べ、かなり異質だった。

もちろん、どちらが異質なのかは、その人の経歴や立場によって違うと思われる。

また当然のことだが、民間企業においても、国家によって定められたさまざまな法律によって規制されている。

しかし企業のなかで仕事をしながら、その規制の煩わしさなどを感じたことはほとんどなかった。一方で、大学というところは、そうではなかった。

何か新しいことをやろうとすれば、かなり高い確率で、どこかの誰かから「それはダメです」とストップがかかった。

その都度、「大学設置基準」という膨大なボリュームの規則に目を通したが、とにかくハードルだらけだったのである。

つまり法律には、ともかく新しいことはやってはいけないと書いてあるようだった。これには閉口した。

それでも有能な事務局長が、上手に条文を解釈してくれて、そのいくつかが導入できたのは幸いだった。


そもそも大学というところは、「研究」と「教育」の2つの側面で成り立っている。

特に、ニュートラルな立場で、あらゆる専門分野をとことん掘り下げて研究していくというのは、大学の使命の一つである。その延長線上で、若い人を育てていくのだ。

そのため専任の先生方には、ほぼ例外なく個別の研究室が与えられている。

先生によって、あるいは大学全体として、研究と教育への比重のかけ方が異なる。それによって、それぞれ大学の特徴が作り出されている。

つまり大学で働いている人は、自分が拠って立つところ（立場）を、よほどしっかりさせておかないとやっていけないのである。

そういう環境のなかで働いている先生方、職員の方々の意識というのは、一気には変わらない。

つまり何をやるにしても、そのことを理解してもらうまでに、かなりの時間（数週間〜数カ月）を要した。

例えば、ガッツ先生が本学の教壇に立つという話などは、実際に学内の掲示板にポスターが張り出されるまで、ジョークだと思っていた職員もいた。

「エー！　本当だったたんですか？」

学長選挙

そんななか、私は自分の使命（役割）を十分すぎるくらい認識していた。

それは教員に採用されたときからではなく、特に、学部長に任命されたときからのことである。

「民間企業の風を吹き込んでほしい」

私に求められていたのは、この一点だった。

2011年のことだった。

前学長の任期が切れるため、新しい学長を選ぶことになった。すると、現代社会学部の一部の先生方から思いもよらない話があった。

「迫先生を学長に推薦することにしましたので、理事長に推薦書を提出します」

この推薦書は、本人の了解を得ないまま提出された。

考えてみるに、本学は、電機大学から工学系大学（自動車短大含む）として歴史を刻んできた経緯がある。たとえ推薦があったとしても、文系から学長が選ばれる可能性は、当時、ほとんどなかったのである。

私は、他に2、3人の有能な候補者がおられたので、そのにぎやかし人材として振る舞うことを決めた。

学長選挙は、同年2月1日に開催される学長選考委員会で行われることになった。

その後、事務局から「学長への所信」を、5分間の持ち時間で述べてほしいという依頼も入った。

ただ一方で、2月1日というのは、日本のプロ野球のキャンプインの日でもあった。そのため私は、地元TV番組に出演することになっていた。

そのいきさつは、こうだった。

当日のレギュラーコメンテーターだった池谷公二郎さん（プロ野球解説者）が、その日、沖縄からナマ中継するという役割に変わった。そのためスタジオコメンテーターが不在になる。そこで、別の曜日の担当だった私に声がかかったのである。

こうして、たまたま2月1日に、私にとって大切なイベントが二つ重なることになった。

私は悩んだ末、学長選挙ではなく、TV出演の方を選ぶことにした。そして学長選考委員会に欠席届を提出した。

いま思い返す。あのとき「学内より、学外（社会）を優先すべき」という社会通念の心理が働いていたように思う。

さらに〝何ごとも余人をもっては代えられない〟という川島先生の教え（122ページ）も頭のなかにあった。

ただ、いまにして思うに、私は学長選挙の方を選ぶべきだった。

それは学長になるとか、ならないとかの問題の前に、組織人として〝取るべき姿勢〟だったように思う。そのことについては、いま頃になって反省している。

その後、私の手元に、学長選挙の結果を示した内部文書が届いた。

確かに、候補者のなかに私の名前があった。しかし、票数の欄は空白。備考欄に「本人辞退」と記されていた。

座れなかった椅子

正直に白状すると、私には元々、目標に対する執念のようなものが欠けていた。

そのためチャンスは作れても、なかなか逆転ホームランは打てない。

おそらく心のなかで芯になるべきものが、弱かったのだと思う。もちろんあの鶴虎太郎には、遠く足元にも及ばない。

ただその一方で思うに、大学というのは、一人の民間企業出身の教員が、その流れを根底から覆すというようなことは、そもそも不可能に近かった。

おそらく本当の改革というのは、しっかりと人材を確保し、5～10年という単位の歳月が必要だったと思う。

それでも当時、誰がやるにしても「学長室」のような小さな組織を作り、思いを一つにする有能なスタッフが2、3人集まれば…と思ったことはあった。

しかし第6章でも書いたが、大学ブランドというのは、一朝一夕には形成されないのである。

従って、全ての施策が、夜空に打ち上げた花火のように消えていく。以下に紹介するのは、私が導入した花火のようだった施策のごく一部である。

私たちは広島東洋カープと連携し、他の県内3大学を巻き込んで、学生たちが球団運営を支援するという形を創った。これは、いまなお続くカープブームの起点になったと信じている。

このことを実践するために、一時、大学としてマツダスタジアムの年間指定席（複数）を確保し、これを希望する学生が無償で使えるようにしていた。

また海外からの留学生を当時、全学ルールになっていた15％から30％に増やすことを目標にし、中国語実習では、相互に留学生からも学べるような形を目指した。さらに国際コースの科目に、海外研修（米国、台湾、のちにタイ）を取り入れた。

しかし、これらの施策は、どれも本気度が足りなかったように思う。その結果、なかなか前述の法規制や、社会の既成概念を覆すには至らなかった。

ガッツ先生が、最初の講義のときに、私にポツリと言ってくれた言葉がある。

「先生、学生がたくさん集まってくれるよう頑張りますから……」

彼は、学生を増やすという我々の目論見を１００％承知していた。

ただ彼には大変申し訳ないことだったが、できることよりも、できないことの方が多かった。

最後の話は、書き残すほどの価値はない。しかし、意味のない蛇足として目を通してみてほしい。

私は、学部長専用に用意された豪華な学部長室（上瀬野キャンパス）を一度も使ったことがない。もちろん、部屋の中央にあった王様用みたいな椅子にも座ったことがない。

広いスペース、革張りの応接セット、10～12人用の会議テーブル、白板、ロッカーなどは、全てそれを必要とする教職員に開放した。

また大学から教員一人ひとりに支給される研究費・教材費（年間）も、事務用品以外、あまり使った記憶がない。

このおカネは大学に返納するか、それを必要としていた先生方に分配した。

なぜそうしたのかというと、答えは簡単だった。

大学改革を期待されているのに、なかなかそれに応えることができない。その状況下で、一時本気で、給料の返納を考えたこともあった。

つまり豪華な学部長室を使うことも、研究費や教材費を使うことも、当時の私にとっては、とんでもない話だったのである。

あまりに情緒的だと笑われるかもしれない。しかし、これは私が持って生まれた哀しいメンタリティなので、変えられない。

それでも長い間、私を起用してくれた人たち、そしてサポートしてくれた人たちには、本当に感謝している。

この小さくて温かみのある大学には、無限の可能性と夢が漂っていた。しかし、その夢の半分も実現できなかったように思う。

〝さらば、我が愛する大学〟

もし、私たちの冒険みたいな挑戦を少しでも覚えていてくれる卒業生がいたら、もうそれで十分である。

エピローグ——能登の2人旅

2020年に発表された日本の人口推計によると、同年4月1日時点の子ども数（14歳以下）は、前年より20万人も減って1512万人になった。これで39年連続の減少である。

この数字をピークだった1954年の2989万人と比べてみると、実に49％の減少である。つまりこの65年間で、子ども数は約半分に減った。

こうなると、当然、教育インフラにも影響が出てくる。特に、学校の数とその在り方については、このままでよいわけがない。

私が教員として8年間、そして理事としてプラス2年間大学に勤めさせてもらったのは、ちょうどその変遷が加速するときだった。そういう意味で、とても得難い体験をさせてもらったように思う。

おそらく、いま同じような境遇に陥っている私立大学は、全国にたくさんあると思う。余計なお世話かもしれないが、手を打つとしたら、早い方がいい。

一歩遅れ、二歩遅れ……、やがてにっちもさっちもいかなくなるという状況は大変まずい。わが学校法人はそれを避けた。

いま評価されるべきは、きちんと社会の流れを掴み、一刻も早く次の手を打つことではないかと思う。

かの福沢諭吉は『学問のすゝめ』のなかでこう書いている。

「おおよそ世間の事物、進まざる者は必ず退く」

私は思う。先がくっきりと見えてきたら、早く決断する方がよい。これは立派な処世訓である。

本書では、ガッツ石松、川島なお美両先生の話を中心にして、教育上、参考（教訓）になると思われるような話を書いてきた。

締め括りとして繰り返すが、両先生に共通し、かつ人々の生き方に決定的な示唆を与えるような教えがあった。

それを別の言葉に置き換えるなら、「休むな。たゆみなく前に進め」ということだったように思う。

もちろん日常生活では、休息をとることが大切である。できれば7、8割程度の力で、余力をもって人生を過ごすのがよい。これは充実した人生を送るために大切なことである。

もちろんここで「たゆみなく前へ……」と言っているのは、人生を長いスパンの物語として見たときの行動指針のようなものである。

歴史に名を遺した人、いま世の中でその名が知れ渡っている経済人、芸術家、スポーツ選手、芸能人……。そして人々から尊敬される一般人。全てそういう特性を持った人たちである。そこに例外はない。

そして人間というのは、高い志を持つことがスタート地点になる。フツーの人でいいと思った瞬間に、フツーの人にもなれない。

1973年に流行った楽曲のなかに、海援隊(武田鉄矢)が歌う『母に捧げるバラード』というのがあった。

その歌詞(セリフ)のなかに、次のような一節がある。

「働け 働け 働け 鉄矢。働いて働いて働き抜いて 休みたいとか 遊びたいとか そんなことお前 いっぺんでも思うてみろ。そん時は そん時は 死ね それが人間ぞ〜」

当時は、なんと刺激的で、強圧的な言葉だと思って、耳にするのも嫌だった。ところが最近、ナツメロで聴くと、段々とそう思わなくなった。と言うか、反対に「いい言葉だなぁ」と思うようになった。

ひょっとしたら、わが子を想う母が旅立つ子にかける言葉としては、最高の言葉なのではないか。なのに最近、そういう言葉をかける親が少なくなった。

その心は、第1章で書いたガッツ先生の母の行動（泥のついた千円札）に似ている。

またこの話は、プロローグで書いた「二宮金次郎の勤倹力行」、第8章で書いた「鶴虎太郎の〝教育は愛なり〟」にも繋がっている。

ではいったい、なぜそういう精神性が大切なのだろうか。

その理由の一つは、近年、過保護の親たちが増え、その影響が常態化し、教育界からそういう思考が小さくなってしまったからである。

2020年からのコロナ禍。この未曾有の危機を乗り越えるための唯一の力は、何と言っても、物事に動じない一人ひとりの強い精神力だった。

いま日本のどこかに踏ん張りのきかない頼りなさ、危うさがあるのは、最近の教育を起点にしているのではないかと思う。

ただ、そのことを嘆かわしいと思う一方で、まだ希望も十分にある。


2014年のことだった。

ガッツ先生と次のような会話を交わしたことがある。

「迫先生は、能登半島へ行ったことがありますか?」

「いいえ、まだ行ったことがありません」

私は、一つの世間話として、そっけなく答えた。

「じゃあ、行ってみてくださいよ。絶対に、感じるものがありますから……」

彼は、その年のNHK連続テレビ小説「まれ」の撮影のため、足しげく能登(輪島市)へ通っていた。そのとき、よほど好ましい印象を持ったのだと思う。

彼の言葉が、心のどこかに引っかかっていた。

私はその2年後（2016年）、家内と二人で2泊3日の能登半島一周ドライブ旅行に出かけた。

ＪＲ金沢駅でレンタカーを借り、西海岸（日本海側）から輪島市へ。さらに半島の最先端から東海岸（七尾湾側）へとクルマを走らせた。途中、由緒ある和倉温泉と氷見温泉で2夜の宿を得た。

能登半島というのは、半島の先端に近づくほどローカル色を増す。そこではめっきり少なくなった日本の原風景に出会えた。

特に、2011年に世界農業遺産に認定された「白米千枚田」から北の地域は、そこにいるだけで心が洗われた。

そして観光地であるはずの禄剛崎灯台付近の「道の駅」には、「お休み」の看板が掛けられていたし、二人で感動した見附島（軍艦島）には、他の観光客が誰もいなかった。

最近「ほっこりする」という言葉がよく使われる。そこは、まさしくそういう雰囲気がピッタリのところだった。

「本当にいいところだね」

私たちはこれまで日本各地を旅したが、これほど多くのことを感じたのは久しぶりだった。能登半島は、私たちにとって忘れられない地のひとつになった。


ガッツ先生の悪性ポリープが見つかった（第6章）のは、その能登半島を舞台にした「まれ」の撮影が終わった直後のことだった。

私たちは絶えず交信を続けていたので、そんな気は全くしなかったが、これまでガッツ先生に能登旅行の話をしたことはない。

２０１９年末のことだった。

「ガッツ先生の本を書きますよ」

私の方から、彼に連絡を入れた。なぜかと言うと、ガッツ先生が常々「講義の内容を本にして遺したい」と語っていたし、息子の健太くんが「親父の本を書いてくださいよ」と訴えていたからである。

すると、ガッツ先生からすぐに連絡（返事）があった。

「よろしくお願いします！」

実のところ、コロナ禍もあり、出版不況にいっそう拍車がかかっていたため、出版社には大変な苦労をかけたと思う。

ともかく、こうしてこの本が世に出ることになった。

この機会に、私の方からガッツ先生に報告しておきたい。

「先生、能登半島へ行ってきました。本当に、いいところでしたよ」


私は、こうして人知れぬ体験をしながら、計10年間も教育界に携わった。いったい誰のお陰なのかと訊ねられれば、私は躊躇なく、一人の人物の名前を挙げる。それは、文中で書いた鶴虎太郎のお孫さんである鶴素直氏（現名誉学院長）である。

彼は長年、学校法人の理事長を務め、真に学校を愛し、名門大学の立て直しにあらゆる手を尽くした。私が学部長に任命されたのも、彼の意向があったからだと信じている。

いまでも思う。彼は、私が理想とする人格者の一人だった。

その間、私は教育の素人であることを貫いた。いや正確に書けば、素人であることを演じていたようなところもあった。

鶴氏も、そのことを十分に感じ取り、私に教育界のことを懸命に教えようと、さまざまな話をしてくださった。これらのことは、私の生涯の宝である。

私は、いまでも教育界の素人である。そのため文中において、それゆえの不適切な表現がたくさんあったと思う。

もしとんでもない記述があったとしたら、著者の不徳と致すところとして、笑ってお許しいただければ幸いである。

もちろん教育界には、私たちの想像をはるかに超える立派な先生方がたくさんおられた。

最後になったが、ガッツ先生のご家族、いまなお川島先生を愛しておられる鎧塚俊彦さん、そして出版にご尽力いただいたザメディアジョンプレスの田中朋博さん、大田光悦さん、石川淑直さんには心から感謝の気持ちをお伝えしたい。

元広島国際学院大学 現代社会学部長
迫 勝則

著者紹介

迫　勝則（さこ かつのり）

1946年生まれ。広島市出身。2001年マツダ株式会社退社後、広島国際学院大学・現代社会学部長(教授)に就任し、2013年に退官。現在は作家、TVコメンテーターなど多岐に渡り活躍。『カープを蘇らせた男 球団オーナーのどえらい着想力』(宝島社)、『マツダ最強論』(溪水社）などをはじめ、多数の著書がある。

〔参考文献〕
『我が道』ガッツ石松著（スポーツニッポン新聞社）
『熟婚のすすめ』川島なお美著（扶桑社）
『愛の教育者―鶴虎太郎』磯部卓三・栗原理著（書肆クラルテ）
『サコ学長、日本を語る』ウスビ・サコ著（朝日新聞出版）
『月刊 俳句界』No252（文學の森）
『日本人の美風』出久根達郎著（新潮社）
『自助論』S. スマイルズ著・竹内均訳（三笠書房）

ガッツ石松と著者

ガッツと虎太郎 ～愛の教育論～

2021年1月22日　初版発行

著　者　迫　勝則
発行人　田中朋博

発行所　〒733-0011
広島県広島市西区横川町2-5-15　株式会社ザメディアジョン
TEL 082-503-5035　FAX 082-503-5036
ホームページ http://www.mediasion.co.jp

編　集　石川淑直
装　丁　村田洋子
校正・校閲　菊澤昇吾、北村敦子
ＤＴＰ　濵先貴之(M-ARTS)
進行管理　大田光悦

印刷・製本　株式会社シナノパブリッシングプレス

Printed in Japan ISBN978-4-86250-700-6